大学中庸译注

济宁干部政德教育学院 编

齊魯書社

《大学中庸译注》编写人员

主　　编：孔凡萍

副 主 编：刘振佳　李敬学

文稿编辑：崔德路　种淑娴　沈效敏

汪亚洲　张玉宝　孔繁鹏

商学哲

前 言

2013 年 11 月，习近平总书记视察山东视察济宁，作出大力弘扬中华优秀传统文化的重要指示，强调“国无德不兴，人无德不立”。在党的十九大报告中，习近平总书记进一步指出，中国共产党从成立之日起，既是中国先进文化的积极引领者和践行者，又是中华优秀传统文化的忠实传承者和弘扬者。要深入挖掘中华优秀传统文化蕴含的思想观念、人文精神、道德规范，结合时代要求继承创新，让中华文化展现出永久魅力和时代风采。2018 年 3 月以来，习近平总书记进一步强调“领导干部要讲政德”，要“加强政德修养、打牢从政之基”，提出要用历史文化和革命文化资源来加强干部队伍建设，努力培养更多好干部。

为深入学习贯彻习近平总书记重要讲话、重要指示精神，我们充分发挥济宁传统文化资源富集的优势，积极探索把以儒家思想为代表的中华优秀传统文化创造性地应用到干部教育培训中，“以古人之规矩，开自己之生面”，精心打造干部政德教育基地，逐步形成课堂教学、现场教学、体验教学、礼乐教学等“四位一体”的教学模式，在培育提升干部为政之德、建设忠诚干净担当干部队伍方面发挥了很好作用。

2016 年 7 月，山东省委组织部在济宁干部政德教育学院召开教学体系建设专题研讨会，对加快干部政德教育基地建设，进一步提升干部政德教育水平作出规划部署，提出构建一套周密完备的课程体系、设计一套灵活多样的教学模式、编写一套适用性强的辅助教材、营造一个儒韵深厚的教学环境、组建一支高素质的师资队伍等“五个一”的目标任务。2018 年 5 月，山东省委组织部又在济宁干部政德教育学院召开《干部政德教育丛书》编撰工作座谈会，组织有关专家、学者研讨系列教材编撰提升工作。在教材编写方面，我们根据学员需求，结合教学实际，组织专家团队集中精力编撰《干部政德教育丛书》，主要包括《论语》《孟子》《大学》《中庸》等经典译注和《干部政德教育现场教学讲解词》等系列教材。丛书编撰坚持以习近平新时代中国特色社会主义思想为指导，认真贯彻落实习近平总书记关于弘扬中华优秀传统文化的重要指示精神，坚持创造性转化、创新性发展的“两创”方针，紧紧围绕“讲清楚每个国家和民族的历史传统、文化积淀、基本国情不同，其发展道路必然有着自己的特色；讲清楚中华文化积淀着中华民族最深沉的精神追求，是中华民族生生不息、发展壮大的丰厚滋养；讲清楚中华优秀传统文化是中华民族的突出优势，是我们最深厚的文化软实力；讲清楚中国特色社会主义植根于中华文化沃土、反映中国人民意愿、适应中国和时代发展进步要求，有着深厚历史渊源和广泛现实基础”等“四个讲清楚”重大课题，着力在诠释儒家经典的基础上，古为今用、推陈出新，阐发中华优秀传统文化的思想精髓和当代价值，帮助干部从中华优秀传统文化凝结的哲学思想、人文精神、道德理念中汲取滋养，培育提升为政之德。

希望丛书的出版，能够帮助广大读者以学益智、以学养德、以学立身；启示、促进干部修身齐家、从政理政，明大德、守公德、严私德，更好地依靠文化自信坚定理想信念，为建设新时代中国特色社会主义增添力量。

编　者

二〇一九年十二月

目 录

前 言 ······ 1

大学译注

经一章 ······ 3
传首章 释明明德 ······ 8
传二章 释新民 ······ 10
传三章 释止于至善 ······ 12
传四章 释本末 ······ 16
传五章 释格物致知 ······ 17
传六章 释诚意 ······ 18
传七章 释正心修身 ······ 21
传八章 释修身齐家 ······ 22
传九章 释齐家治国 ······ 24
传十章 释治国平天下 ······ 28

中庸译注

第一 天命章 ······ 39
第二 时中章 ······ 41
第三 鲜能章 ······ 42
第四 行明章 ······ 43

第五　不行章 …… 45
第六　大知章 …… 46
第七　予知章 …… 48
第八　服膺章 …… 49
第九　可均章 …… 50
第十　问强章 …… 51
第十一　素隐章 …… 53
第十二　费隐章 …… 54
第十三　不远章 …… 56
第十四　素位章 …… 59
第十五　行远章 …… 61
第十六　鬼神章 …… 63
第十七　大德章 …… 65
第十八　无忧章 …… 67
第十九　大孝章 …… 69
第二十　问政章 …… 72
第二十一　诚明章 …… 83
第二十二　尽性章 …… 85
第二十三　致曲章 …… 87
第二十四　前知章 …… 88
第二十五　自诚章 …… 89
第二十六　无息章 …… 91
第二十七　大哉章 …… 95
第二十八　自用章 …… 98

第二十九　三重章…………………………………………… 101
第三十　祖述章…………………………………………… 104
第三十一　至圣章…………………………………………… 106
第三十二　经纶章…………………………………………… 109
第三十三　尚䌹章…………………………………………… 111
后　记…………………………………………………… 115

大学译注

经一章

【原文】

大学之道[1]，在[2]明明德[3]，在亲民[4]，在止[5]于至善[6]。

知止[7]而后有定[8]，定而后能静[9]，静而后能安[10]，安而后能虑[11]，虑而后能得[12]。

物有本末[13]，事有终始[14]，知所先后，则近道[15]矣。

古之欲[16]明明德于天下者，先治其国[17]；欲治其国者，先齐其家[18]；欲齐其家者，先修其身[19]；欲修其身者，先正其心[20]；欲正其心者，先诚其意[21]；欲诚其意者，先致其知[22]；致知在格物[23]。

物格而后知至，知至而后意诚，意诚而后心正，心正而后身修，身修而后家齐，家齐而后国治，国治而后天下平。

自天子以至于庶人[24]，壹是[25]皆以修身为本。其本乱而末治者否矣。其所厚者薄，而其所薄者厚[26]，未之有也[27]！

【注释】

①大学之道：大学的宗旨。大学，是相对于小学而言的“大人之学”。朱熹注：“大学者，大人之学也。”大学也指博学，郑玄注：“大学者，以其记博学，可以为政也。”道，本义指道路，引申为事理、规律等，也指宇宙万物的本原、本体。

②在：在于。

③明明德：彰显自己光明的品德。前一个“明”字作动词，彰

明、发扬。后一个“明”字是形容词，清明的、光明的。郑玄注:“明明德谓显明其至德也。”孔颖达疏：“在明明德者，言大学之道在于章明己之光明之德，谓身有明德而更章显之。此其一也。”朱熹注：“明德者，人之所得乎天，而虚灵不昧，以具众理而应万事者也。但为气禀所拘，人欲所蔽，则有时而昏；然其本体之明，则有未尝息者。故学者当因其所发而遂明之，以复其初也。”

④ 亲民:即新民,使民众革旧图新。亲,通“新”,即革新、革旧图新。民，民众、百姓。朱熹注：“程子曰：‘亲，当作新。’……新者，革其旧之谓也，言既自明其明德，又当推以及人，使之亦有以去其旧染之污也。”一说亲民即亲近民众。孔颖达疏：“在亲民者，言大学之道在于亲爱于民。是其二也。”

⑤ 止:到……程度才停止,即达到目标。郑玄注:“止,犹自处也。”朱熹注：“止者，必至于是而不迁之意。”

⑥ 至善:儒家指人的道德修养所能达到的最完美的境界。至,最、极。善，美、好、善良、美好。朱熹注:“至善，则事理当然之极也。言明明德、新民，皆当至于至善之地而不迁。盖必其有以尽夫天理之极，而无一毫人欲之私也。”王阳明认为善就是良知，止于至善即止于良知。

⑦ 知止：知道自己要达到至善的境界。止，作名词，指所要达到的地方，即至善之境。朱熹注：“止者，所当止之地，即至善之所在也。”

⑧ 定：定向，志向。朱熹注：“知之，则志有定向。”

⑨ 静：安静，不浮躁。朱熹注：“静，谓心不妄动。”

⑩ 安：安稳，安心。朱熹注：“安，谓所处而安。”

⑪ 虑：思考，思虑。朱熹注："虑，谓处事精详。"

⑫ 得：得到，获得。与"失"相对。郑玄注："得，谓得事之宜也。"朱熹注："得，谓得其所止。"

⑬ 本末：原指树木的根部与枝叶，引申为事物的根本和末节。

⑭ 终始：从开头到结局。终，结局、终结。始，开始、开端。

⑮ 道：指事物的普遍规律。

⑯ 欲：希望，想要。

⑰ 治其国：治理自己的国家。治，治理、管理。国，古代诸侯的封地。

⑱ 齐其家：管理自己的家庭和家族，使家庭和家族和和美美。齐，整治、管理。家，家庭、家族。

⑲ 修其身：陶冶自己的身心，涵养自身的德性。

⑳ 正其心：使自己的心思归向于正。朱熹注："心者，身之所主也。"

㉑ 诚其意：使自己的心志真诚。朱熹注："诚，实也。意者，心之所发也。"

㉒ 致其知：提高自己的认识并达到认识的最高境界。致，尽、极。知，知识。历代儒家对"致知"有不同的解释。郑玄认为"致知"是使人"知善恶吉凶之所终始也"。朱熹认为"致，推极也。知，犹识也。推极吾之知识，欲其所知无不尽也"。王阳明则认为"'致知'云者……致吾心之良知焉耳"，意谓吾心本有良知，不假外求。

㉓ 格物：穷究事物之理。格，穷究。物，即事。朱熹注："格，至也。物，犹事也。穷至事物之理，欲其极处无不到也。"王阳明云："物者，事也。凡意之所发必有其事，意所在之事谓之物。格者，正

也。正其不正以归于正之谓也。正其不正者,去恶之谓也。归于正者,为善之谓也。夫是之谓格。”

㉔ 庶人：泛指没有官爵的平民或百姓。

㉕ 壹是:都是，一切。壹，通“一”，皆、一概、一律。郑玄注:“壹是，专行是也。”朱熹注：“壹是，一切也。”

㉖ 其所厚者薄，而其所薄者厚:原本珍贵的东西反而遭到轻视，原本轻视的东西反而得到重视。厚，厚待，引申为珍视、珍贵。薄，轻薄，引申为轻贱、鄙视。朱熹注：“所厚，谓家也。”也有学者译为:把切近自己的修身、齐家看得不重要，反而去高谈治国、平天下。或译为：我所厚待的人反而轻薄我，我所轻薄的人反而厚待我。

㉗未之有也：即未有之也，没有这样的道理。

【译文】

大学的宗旨在于彰显人光明的品德，在于使民众革旧图新，在于使道德修养达到最完美的境界。

知道了道德修养应达到的最完美的境界之后，才能够确立坚定的志向；确立了坚定的志向之后，才能够安静而不妄动；安静而不妄动之后，才能够性情安稳；性情安稳之后，才能够思虑周详；思虑周详之后，才能够达到最完美的境界。

万物都有本有末，万事都有开始与终了，知道了这先后的顺序，就接近领悟事物发展的规律了。

古代那些想要在天下彰显自己光明品德的人，首先要治理好自己的国家；想要治理好自己的国家，首先要管理好自己的家庭和家族；想要管理好自己的家庭和家族，首先要陶冶自己的身心、涵养自身的德性；想要陶冶自己的身心、涵养自身的德性，首先要端正自己的心思；想要端正自己的心思，首先要使自己的心志真诚；想要使自己的心志真诚，首先要提高自己的认识并达到认识的最高境界；提高认识并达到认识的最高境界就在于穷究事物所包含的道理。

事物所包含的道理被穷究出来之后，才能提高自己的认识并达到认识的最高境界；提高认识并达到认识的最高境界之后，心志才能真诚；心志真诚之后，心思才能端正；心思端正之后，自身的品格才能修养好；自身的品格修养好之后，家庭和家族才能管理好；家庭和家族管理好之后，国家才能治理好；国家治理好之后，天下才能太平。

上至天子下至普通百姓，都要以陶冶自己的身心、涵养自身的德性为根本。如果陶冶自己的身心、涵养自身的德性这个根本乱了，却要家齐、国治、天下平，这是不可能的。应该重视的反而轻视，应该轻视的反而重视，没有这样的道理啊！

传首章　释明明德

【原文】

《康诰》[①]曰："克[②]明德。"《大甲》[③]曰："顾諟天之明命[④]。"《帝典》[⑤]曰："克明峻德[⑥]。"皆[⑦]自明也。

【注释】

①《康诰》：即《尚书·周书·康诰》篇。《尚书》又称《书》《书经》，是中国上古历史文献和部分追述古代事迹著作的汇编，为儒家五经之一，分为《虞书》《夏书》《商书》《周书》四部分。诰，古代一种训诫、勉励的文告。

②克：能，能够。朱熹注："克，能也。"

③《大甲》：即《尚书·商书·大甲》篇。朱熹注："大，读作泰。"大甲即太甲。商太宗太甲是商汤的嫡长孙，商朝的第四位国君。一种传说是，太甲即位后，不遵汤法，暴虐乱德。辅政的四朝元老伊尹将他放逐于桐宫，自己摄政当国。太甲在桐宫三年，悔过自责，伊尹又还政于他。重新执掌政权的太甲励精图治，故诸侯归顺、百姓安宁。

④顾諟天之明命：经常思念上天赋予我的光明品德。顾，想、思念、回顾。諟，古"是"字，这、此。明命，即明德。郑玄注："諟，犹正也。"朱熹注："顾，谓常目在之也。諟，犹此也，或曰审也，天之明命，即天之所以与我，而我之所以为德者也。常目在之，则无时不明矣。"

⑤《帝典》：即《尚书·虞书·尧典》篇。

⑥ 峻德：大德，高尚的品德。峻，通“俊”，高、大。朱熹注：“峻，《书》作俊……峻，大也。”

⑦ 皆：都，指前面所引的几句话。

【译文】

《康诰》说：“要能够彰显自己光明的品德。”《大甲》说：“要经常思念上天赋予我的光明品德。”《尧典》说：“要能够彰显你的高尚品德。”这些都是说要弘扬自己天生的高尚品德。

传二章　释新民

【原文】

汤①之盘铭②曰："苟③日新④，日日新，又日新。"《康诰》曰："作⑤新民。"《诗》⑥曰："周虽旧邦，其命惟新⑦。"是故君子无所不用其极⑧。

【注释】

① 汤：即商汤，又称武汤、武王、成汤等，商朝的开国之君，子姓，名履，一曰天乙。初居亳，为夏方伯，专征伐。夏桀无道，成汤兴兵伐之，放桀于南巢，遂有天下，在位三十年崩。

② 盘铭：指沐浴盆上刻的铭文。铭，刻写在器物上用来称颂功德或警诫自己的言辞。郑玄注："盘铭，刻戒于盘也。"孔颖达疏："汤之盘铭者，汤沐浴之盘而刻铭为戒。必于沐浴之者，戒之甚也。"朱熹注："盘，沐浴之盘也。铭，名其器以自警之辞也。"

③ 苟：如果，假如。朱熹注："苟，诚也。"

④ 新：指洗澡除去身体上的污垢，使身体焕然一新。此处引申为精神上的弃旧图新。

⑤ 作：振作，激励。朱熹注："鼓之舞之之谓作，言振起其自新之民也。"

⑥《诗》：即《诗经》，中国第一部诗歌总集，收录西周初年至春秋中叶的诗歌 305 篇，又称《诗三百》，分"风""雅""颂"三部分。

⑦ 周虽旧邦，其命惟新：周朝虽然是古老的国家，但它禀受的

天命是新的。引自《诗经·大雅·文王》。周，周朝。邦，古代诸侯的封国,后泛指国家。后稷为周朝的始祖,到周文王时已有一千多年,故曰旧邦。命,指周文王禀受上天之命。惟,语助词,无意义。朱熹注:“言周国虽旧，至于文王，能新其德以及于民，而始受天命也。”

⑧ 极:甚，最，很。郑玄注:“极，犹尽也。”一说指至善的地步。

【译文】

商汤刻在沐浴盆上用于自警的铭文说:“如果能有今天的除旧自新，就应该保持天天除旧自新，并且要坚持每日不间断地除旧自新。”《康诰》说:“激励民众革旧图新。”《诗经》说:“周朝虽然是古老的国家，但它禀受的天命是新的。”所以，君子在“明明德”和“新民”上都尽心竭力，以使他们达到至善的境界。

传三章　释止于至善

【原文】

《诗》云："邦畿千里，惟民所止①。"

《诗》云："缗蛮黄鸟，止于丘隅②。"子曰："於止③，知其所止，可以人而不如鸟乎！"

《诗》云："穆穆文王，於缉熙敬止④。"为人君，止⑤于仁；为人臣，止于敬；为人子，止于孝；为人父，止于慈；与国人⑥交，止于信⑦。

《诗》云："瞻彼淇澳，菉竹猗猗。有斐君子，如切如磋，如琢如磨。瑟兮僩兮，赫兮喧兮。有斐君子，终不可諠兮⑧！"如切如磋者，道⑨学⑩也；如琢如磨者，自修⑪也；瑟兮僩兮者，恂栗⑫也；赫兮喧兮者，威仪⑬也；有斐君子，终不可諠兮者，道盛德至善，民之不能忘也。

《诗》云："於戏！前王不忘⑭。"君子贤其贤而亲其亲，小人乐其乐而利其利，此以⑮没世⑯不忘也。

【注释】

①邦畿千里，惟民所止：引自《诗经·商颂·玄鸟》。邦畿，古代王城及其所属周围千里的地域。朱熹注："邦畿，王者之都也。"止，居住。朱熹注："止，居也，言物各有所当止之处也。"孔颖达疏："此《商颂·玄鸟》之篇，言殷之邦畿方千里，为人所居止。此记断章，喻其民人而择所止，言人君贤则来也。"

② 缗（mín）蛮黄鸟，止于丘隅：出自《诗经·小雅·绵蛮》。缗蛮，《诗经》作“绵蛮”，鸟叫声。一说小鸟的样子，《毛传》：“绵蛮，小鸟貌。”止，栖息。丘隅，山丘的曲深僻静处。隅，角落。朱熹注：“缗，《诗》作绵……缗蛮，鸟声。丘隅，岑蔚之处。”关于此句的含义，郑玄认为：“於止，於鸟之所止也。就而观之，知其所止，知鸟择岑蔚安闲而止处之耳。言人亦当择礼义乐土而自止处也。《论语》曰：里仁为美，择不处仁，焉得知。”朱熹认为：“子曰以下，孔子说诗之辞。言人当知所当止之处也。”

③ 於止：居处。於，叹词，无义。

④ 穆穆文王，於缉熙敬止：出自《诗经·大雅·文王》。穆穆，仪容或言语和美。於，叹词。缉，继续。熙，光明。止，语助词，无意义。郑玄注：“缉熙，光明也。此美文王之德光明，敬其所以自止处。”朱熹注：“‘於缉’之於，音乌……於，叹美辞。缉，继续也。熙，光明也。敬止，言其无不敬而安所止也。引此而言圣人之止，无非至善。”戴震《毛郑诗考正》：“缉熙者，言续其光明不已也。”

⑤ 止：通“至”，到，做到。

⑥ 国人：古代指居住在大邑内的人，也指国内之人或全国的人。

⑦ 信：诚实不欺，守信用，实践诺言。

⑧ 瞻彼淇澳（yù），菉竹猗猗。有斐君子，如切如磋，如琢如磨。瑟兮僩（xiàn）兮，赫兮喧兮。有斐君子，终不可諠（xuān）兮：出自《诗经·卫风·淇澳》。瞻，向前或向上看。淇，指淇水，在今河南北部。澳，《诗经》作“奥”，水边弯曲处。菉竹，《诗经》作“绿竹”，荩草的别名。猗猗，美盛貌。朱熹注：“菉，《诗》作绿。猗，叶韵音阿。……猗猗，美盛貌。兴也。”斐，《诗经》作“匪”，文采貌。切、

磋、琢、磨，都是器物加工工艺的名称。《尔雅·释器》曰："骨谓之切，象谓之磋，玉谓之琢，石谓之磨。"后以"切磋琢磨"比喻在道德学问方面互相探讨勉励。朱熹注："切以刀锯，琢以椎凿，旨裁物使成形质也。磋以鑢钖，磨以沙石，皆治物使其滑泽也。治骨角者，既切而复磋之。治玉石者，既琢而复磨之。皆言其治之有绪，而益致其精也。"瑟，庄严貌、严密貌。僩，勇猛貌。一说，僩，宽大貌。赫，显赫、显耀。喧，《诗经》作"咺"，显赫。諠，《诗经》作"谖"，遗忘。朱熹注："喧，《诗》作咺；諠，《诗》作谖，并况晚反……瑟，严密之貌。僩，武毅之貌。赫喧，宣著盛大之貌。諠，忘也。"

⑨ 道：说，讲述。朱熹注："道，言也。"

⑩ 学：朱熹注："学，谓讲习讨论之事。"

⑪ 自修：修养自己的德性。朱熹注："自修者，省察克治之功。"

⑫ 恂（xún）栗：恐惧战栗。郑玄注："恂字或作峻……言其容貌严栗也。"朱熹注："恂，郑氏读作峻。……恂栗，战惧也。"

⑬ 威仪：庄重的仪容举止。朱熹注："威，可畏也。仪，可象也。"

⑭ 於戏！前王不忘：出自《诗经·周颂·烈文》。於戏，同"呜呼""乌呼"，叹词。前王，指周文王、周武王。朱熹注："於戏，音呜呼……叹辞。前王，谓文、武也。"

⑮ 此以：因此。

⑯ 没世：去世，死。一说为终生、一辈子。

【译文】

《诗经》说："天子都城及其周围千里的地域，都是老百姓愿意居住的地方。"

《诗经》说："'绵蛮'鸣叫着的小黄鸟，栖息在山丘的曲深僻静处。”孔子说:“住处很重要,黄鸟尚且知道它应该栖息在什么地方,难道人还不如鸟儿吗?”

《诗经》说:“仪容端庄美好的周文王,光明的美德使人敬仰。”作为国君,要做到仁爱;作为人臣,要做到恭敬;作为子女,要做到孝顺;作为父亲,要做到慈爱;与他人交往,要做到诚实不欺。

《诗经》说:“看那淇水弯弯的岸边,菉竹郁郁葱葱。有位文质彬彬的君子,研究学问如加工骨器般不断切磋,修养自身如打磨美玉般反复琢磨。他庄严又宽容,威严又显赫。这样文质彬彬的君子,真是令人难以忘怀啊!”如加工骨器般不断切磋,说的是研讨学问;如打磨美玉般反复琢磨,说的是修养自己的德性;庄严又宽容,是指他内心谨慎而有所戒惧的态度;威严又显赫,是指他庄重的仪容举止;这样文质彬彬的君子,真是令人难以忘怀啊,是指由于他具有了高尚的品德并达到了至善的境界,使人不能忘怀。

《诗经》说:“啊!像周文王、周武王那样前代的君王真使人难忘啊。”后世的君子(能够以前代的君王为榜样)尊重有贤德的人并亲近应亲近的亲族,普通百姓都享受安乐并获得利益。所以前代的君王虽然已经去世了,人们也不会忘记他们。

传四章　释本末

【原文】

子曰："听讼，吾犹人也，必也使无讼乎①！"无情者②不得尽其辞，大畏③民志④，此谓知本⑤。

【注释】

①听讼，吾犹人也，必也使无讼乎：审判诉讼，处理纠纷，我也和别人一样，努力使诉讼纠纷不再发生。出自《论语·颜渊》。听讼，审判讼案、审案。听，审察、处理。讼，诉讼、控告。犹人，与别人一样。朱熹注："犹人，不异于人也。"

②无情者：隐瞒真实情况的人。情，诚、真实。郑玄注："情，犹实也。"朱熹注："情，实也。"

③畏：敬畏，尊重。

④民志：民心，人心。

⑤知本：知道本末次序，知道了根本。郑玄注："本，谓诚其意也。"

【译文】

孔子说："审判诉讼，处理纠纷，我也和别人一样，努力使诉讼纠纷不再发生！"使那些隐瞒真实情况的人不能尽说狡辩的言辞，使民心敬畏，这就叫作知道了根本。

传五章　释格物致知

【原文】

此谓知本[1]**，此谓知之至也**[2]。

【注释】

① 此句为衍文。朱熹注："程子曰：'衍文也。'" 本，此处指事物的根本。

② 朱熹认为，这一句前面缺了一段文字。朱熹注："此句之上别有阙文，此特其结语耳。" 所以，朱熹根据上下文补充了一段文字："所谓致知在格物者，言欲致吾之知，在即物而穷其理也。盖人心之灵莫不有知，而天下之物莫不有理，惟于理有未穷，故其知有不尽也。是以《大学》始教，必使学者即凡天下之物，莫不因其已知之理而益穷之，以求至乎其极。至于用力之久，而一旦豁然贯通焉，则众物之表里精粗无不到，而吾心之全体大用无不明矣。此谓物格，此谓知之至也。"

【译文】

这就叫作知道了根本。这就是认识达到了极致（即进入"知"的最高境界）。

传六章　释诚意

【原文】

所谓诚其意①者，毋②自欺也。如恶恶臭③，如好好色④，此之谓自谦⑤，故君子必慎其独⑥也。

小人闲居⑦为不善，无所不至；见君子而后厌然⑧，掩⑨其不善，而著⑩其善。人之视己，如见其肺肝然，则何益矣！此谓诚于中⑪，形于外⑫，故君子必慎其独也。

曾子曰："十目所视，十手所指，其⑬严乎！"富润屋⑭，德润身⑮，心广体胖⑯，故君子必诚其意。

【注释】

① 诚其意：使心志真诚。诚，使诚实。意，意念、心志。

② 毋：莫，不可，表示禁止。朱熹注："毋者，禁止之辞。"

③ 恶（wù）恶（è）臭（xiù）：憎恶污秽的气味。恶，憎恶、厌恶。恶臭，污秽的气味。

④ 好（hào）好（hǎo）色：喜爱漂亮的女子。好色，好看的面容，指女色。

⑤ 谦（qiè）：通"慊"，满足，快意。郑玄注："谦，读为慊。慊之言厌也。"朱熹注："谦，快也，足也。"

⑥ 慎其独：独自一人的时候，要谨慎不苟。独，单独、独自。朱熹注："独者，人所不知而己所独知之地也。"

⑦ 闲居：指独处。朱熹注："闲居，独处也。"

⑧ 厌然：闭藏貌，躲躲闪闪的样子。朱熹注："厌，郑氏读为黡……厌然，消沮闭藏之貌。此言小人阴为不善，而阳欲掩之，则是非不知善之当为与恶之当去也；但不能实用其力以至此耳。"

⑨ 掩：隐藏，掩盖。

⑩ 著：使明显，显示。

⑪ 中：指内心。

⑫ 外：指外表。

⑬ 其：岂，岂不是。

⑭ 润屋：使居室华丽生辉。润，修饰、加工。

⑮ 润身：使自身受益。润，惠及、受惠。

⑯ 心广体胖（pán）：心胸宽广，身体舒泰。胖，安泰舒适。朱熹注："胖，步丹反。胖，安舒也。"

【译文】

所谓使心志真诚，就是不要自己欺骗自己。就像憎恶污秽的气味，就像喜爱漂亮的女子一样，这就是所谓的自我满足，所以品德高尚的人在独自一人的时候，也一定要谨慎自律。

品德低下的人在独处的时候，就会做不道德的事，什么坏事都能做得出来；见到品德高尚的人便躲躲藏藏，竭力掩盖自己所做的坏事，而故意彰显自己的善行。其实人们看到他们，就像看见他们的心肺肝脏一样，掩盖又有什么益处呢！这就是说内心的真实一定会通过外表表现出来，所以君子必须在独处时谨慎自律。

曾子说："众人的眼睛都看着你，众人的手指都指着你，这是多么严肃可畏啊！”财富可以使居室华丽生辉，品德可以使自身受益，心胸宽广则身体舒泰安康，所以品德高尚的人一定要使自己的心志真诚。

传七章　释正心修身

【原文】

所谓修身在正其心者，身①有所忿懥②，则不得其正；有所恐惧，则不得其正；有所好乐，则不得其正；有所忧患，则不得其正。心不在焉，视而不见，听而不闻，食而不知其味。此谓修身在正其心。

【注释】

① 身：程颐认为应为“心”。朱熹注：“程子曰：‘身有之身当作心。’”

② 忿懥（zhì）：亦作“忿疐”“忿懫”，发怒。懥，愤怒、愤恨。郑玄注：“懥，怒貌也。或作懫，或为疐。”朱熹注：“忿懥，怒也。”

【译文】

所谓修养自身在于端正自己的心思，因为自己心里有所愤怒，心思就不能端正；有所恐惧，心就不能端正；有所喜好，心就不能端正；有所忧虑，心就不能端正。如果身在而心不在这里，就会眼睛看了却像什么都没有看见一样，耳朵听了却像什么都没有听见一样，吃进嘴里却不知道食物的滋味。这就是说修养自身在于端正自己的心思。

传八章　释修身齐家

【原文】

所谓齐其家在修其身者，人之[①]其所亲爱而辟[②]焉，之其所贱恶而辟焉，之其所畏敬而辟焉，之其所哀矜[③]而辟焉，之其所敖惰[④]而辟焉。故好而知其恶，恶而知其美[⑤]者，天下鲜矣。

故谚有之曰："人莫[⑥]知其子之恶，莫知其苗之硕[⑦]。"此谓身不修，不可以齐其家。

【注释】

①之：即"于"，对于。朱熹注："之，犹于也。"

②辟：有偏向。朱熹注："辟，犹偏也。"

③哀矜：同情，怜悯。

④敖惰：傲慢怠惰。敖，傲慢、骄傲。惰，不敬。

⑤美：善，好。

⑥莫：不，无，没有，表示否定。

⑦硕：大。

【译文】

所谓管理好自己的家庭和家族在于陶冶自己的身心、涵养自身的德性，因为人们对自己亲近、喜爱的人往往会偏爱，对自己轻视、厌恶的人往往会偏恨，对自己敬畏、尊敬的人往往会敬畏，对自己同情的人往往会怜悯，对自己轻视的人往往会怠慢。因此，喜爱某人又能看到他的缺点，厌恶某人又能看到他的优点，这样的人天下少有啊。

因此有句谚语说："溺爱孩子的人不知道自己孩子的缺点，贪婪的人不知道自己田里的禾苗长得壮硕。"这就是说不陶冶自己的身心、涵养自身的德性，就不能管理好家庭和家族。

传九章　释齐家治国

【原文】

所谓治国必先齐其家者，其家不可教而能教人者，无之。故君子不出家而成教于国：孝者，所以事君也；弟[1]者，所以事长也；慈[2]者，所以使众也。《康诰》曰："如保赤子[3]。"心诚求之，虽不中[4]，不远矣。未有学养子而后嫁者也。

一家仁，一国兴[5]仁；一家让[6]，一国兴让；一人[7]贪戾[8]，一国作乱。其机[9]如此。此谓一言偾事[10]，一人定国。尧舜[11]率[12]天下以仁，而民从之。桀纣[13]率天下以暴，而民从之。其所令反其所好，而民不从。是故君子有诸[14]己而后求诸人，无诸己而后非诸人。所藏乎身不恕[15]，而能喻[16]诸人者，未之有也。故治国在齐其家。

《诗》云："桃之夭夭，其叶蓁蓁。之子于归，宜其家人[17]。"宜其家人，而后可以教国人。《诗》云："宜兄宜弟[18]。"宜兄宜弟，而后可以教国人。《诗》云："其仪不忒，正是四国[19]。"其为父子兄弟足法[20]，而后民法之也。此谓治国在齐其家。

【注释】

① 弟（tì）：同"悌"，敬爱兄长，亦泛指敬重长上。

② 慈：慈爱。

③ 赤子：初生的婴儿。

④ 中：符合。

⑤ 兴：兴起，兴盛。

⑥ 让：谦让，谦逊。

⑦ 一人：指国君。郑玄注："一家，一人，谓人君也。"朱熹注："一人，谓君也。"

⑧ 贪戾：犹贪利。郑玄注："戾之言利也。"钱大昕《十驾斋养新录》卷二"贪戾"："郑义本谓贪戾即贪利耳，故下注云：'君若好货，而禁民淫于财利，不能止也。'一人贪利而一国作乱，即下章'财聚则民散'、'货悖而入，亦悖而出'之义。"一说为贪婪横暴。

⑨ 机：事物变化之所由，指关键。郑玄注："机，发动所由也。"朱熹注："机，发动所由也。"

⑩ 偾（fèn）事：败事。偾，败坏、搞糟。朱熹注："偾，音奋……覆败也。"

⑪ 尧舜：传说中父系氏族社会后期部落联盟的两位领袖，即尧帝和舜帝，历来被认为是圣君的代表。

⑫ 率：率领，统率。

⑬ 桀（jié）纣（zhòu）：夏桀和商纣的并称。相传都是暴君，所以后来用以泛指暴君。桀，夏朝最后一位君主。纣，即殷纣王，商朝最后一位君主。

⑭ 诸："之于"的合音。

⑮ 恕：恕道，宽仁之道。

⑯ 喻：晓谕，告知，开导。朱熹注："喻，晓也。"

⑰ 桃之夭夭，其叶蓁蓁。之子于归，宜其家人：引自《诗经·周南·桃夭》。夭夭，美盛貌。蓁蓁，草木茂盛貌。之，此。子，女子。归，古代指女子出嫁。宜，善、和睦。朱熹注："夭，平声。蓁，音

臻……夭夭，少好貌。蓁蓁，美盛貌……之子，犹言是子，此指女子之嫁者而言也。妇人谓嫁曰归。宜，犹善也。”孔颖达疏：“引之者，取宜其家人之事。”

⑱ 宜兄宜弟：兄弟和睦。引自《诗经·小雅·蓼萧》。孔颖达疏：“此《小雅·蓼萧》之篇，美成王之诗。《诗》之本文，言成王有德，宜为人兄，宜为人弟。此《记》之意，‘宜兄宜弟’，谓自与兄弟相善相宜也。既为兄弟相宜，而可兄弟之意，而后可以教国人也。”

⑲ 其仪不忒，正是四国：引自《诗经·曹风·鸤鸠》。仪，仪表、仪容。忒，差错。朱熹注：“忒，差也。”四国，四方的属国。孔颖达疏：“忒，差也。正，长也。言在位之君子，威仪不有差忒，可以正长是四方之国，言可法则也。”

⑳ 足法：值得效法。足，值得、够得上、能够。法，取法、效法。

【译文】

所谓治理国家必须先管理好自己的家庭和家族，因为自己的家人都不能教化好而能教化好他人的人，是从来没有的。所以道德高尚的人不出家门也能够使国人受到教化：孝顺父母的道理，可以用来侍奉君主；敬爱兄长的道理，可以用来侍奉官长；爱护子女的道理，可以用来统治民众。《康诰》说：“国君对待民众要如母亲爱护初生的婴儿一样。”诚心诚意地爱护民众，即使不能完全达到目标，差距也不会太远。没有哪个女子先学会了养育孩子然后再去嫁人啊。

国君一家仁爱相亲，一个国家就会兴起仁爱；国君一家尊重礼让，一个国家就会兴起礼让；国君贪婪暴虐，一个国家就会发生祸乱。治理国家的关键就是这样。这就是所说的一句话会败坏大事，一个人可以使国家安定。尧和舜率领天下百姓实行仁爱，百姓就跟随他们实行仁爱。桀和纣率领天下百姓实行暴虐，百姓就跟随他们实行暴虐。国君的命令与自己的实际喜好正相反，天下的百姓就不会听从他们。所以道德高尚的人自己有了善良的德行，然后才要求别人；自己先不做恶事，然后才指责别人。如果自己所想的都不符合恕道，而能让别人明白并推行恕道，这样的事是从来没有过的。所以治理国家在于先管理好自己的家庭和家族。

《诗经》说："桃树开着美艳的桃花，长着茂盛的枝叶。这个女子嫁过去，会让全家和睦。"全家人和睦，然后才能够教化国人。《诗经》说："兄弟和睦。"兄弟和睦相处，然后才能够教化国人。《诗经》说："他的仪容没有差错，就能成为四方国家效法的表率。"一个人作为父亲、儿子、兄长、弟弟时的行为都值得他人效法，然后百姓才会效法他。这就是说治理国家必须先管理好自己的家庭和家族。

传十章　释治国平天下

【原文】

所谓平天下在治其国者，上[①]老老[②]而民兴孝，上长长[③]而民兴弟，上恤孤[④]而民不倍[⑤]，是以君子有絜矩之道[⑥]也。所恶于上，毋[⑦]以使下；所恶于下，毋以事上。所恶于前，毋以先后；所恶于后，毋以从前。所恶于右，毋以交于左；所恶于左，毋以交于右。此之谓絜矩之道。

《诗》云："乐只君子，民之父母[⑧]。"民之所好好之，民之所恶恶之，此之谓民之父母。

《诗》云："节彼南山，维石岩岩。赫赫师尹，民具尔瞻[⑨]。"有国者不可以不慎，辟[⑩]则为天下僇[⑪]矣。

《诗》云："殷之未丧师，克配上帝。仪监于殷，峻命不易[⑫]。"

道[⑬]得众，则得国；失众，则失国。是故君子先慎乎德。有德此[⑭]有人，有人此有土，有土此有财，有财此有用。德者本也，财者末也。外本内末，争民施夺[⑮]，是故财聚则民散，财散则民聚。是故言悖[⑯]而出者，亦悖而入；货悖而入者，亦悖而出。《康诰》曰："惟命[⑰]不于常[⑱]。"道善则得之，不善则失之矣。

《楚书》[⑲]曰："楚国无以为宝，惟善以为宝。"舅犯[⑳]曰："亡人[㉑]无以为宝，仁亲以为宝。"《秦誓》[㉒]曰："若有一个臣[㉓]，断断[㉔]兮，无他技，其心休休[㉕]焉，其如有容[㉖]焉。人之有技，若己有之。人之彦圣[27]，其心好之，不啻[28]若自其口出。实能容之，以[29]能保我子孙黎民，尚亦有利哉！人之有技，媢嫉[30]以恶之。人之彦圣，而违[31]之俾[32]不通[33]。实不能容，以不能保我子孙黎民，亦曰殆[34]哉！”唯仁人，放流[35]之，迸[36]诸四夷[37]，不与同中国[38]。此谓唯仁人为能爱人，能恶人。见贤而不能举，举而不能先，命[39]也。见不善而不能退，退而不能远，过也。好人之所恶，恶人之所好，是谓拂[40]人之性，菑必逮[41]夫身。是故君子有大道，必忠信以得之，骄泰[42]以失之。

生财有大道，生之者众，食之者寡，为之者疾[43]，用之者舒[44]，则财恒足矣。仁者以财发身[45]，不仁者以身发财。未有上好仁而下不好义者也，未有好义其事不终者也，未有府库[46]财非其财者也。孟献子[47]曰："畜马乘[48]，不察[49]于鸡豚；伐冰之家[50]，不畜牛羊；百乘之家[51]，不畜聚敛之臣[52]。与其有聚敛之臣，宁有盗臣[53]。”此谓国不以利为利，以义为利也。长[54]国家而务[55]财用者，必自小人矣，彼为善之[56]。小人之使为国家，菑害并至，虽有善者，亦无如之何矣。此谓国不以利为利，以义为利也。

【注释】

① 上：上位，社会的最高层。

② 老老：尊敬老人。前一个“老”字作动词，意思是把老人当作老人看待。朱熹注：“老老，所谓老吾老也。”

③ 长长：尊重长辈。前一个“长”字作动词，意思是把长辈当作长辈看待。郑玄注：“老老、长长，谓敬老尊长也。”

④ 恤孤：存恤孤弱的人。孤，孤儿，古时候专指幼年丧失父亲的人。朱熹注："孤者，幼而无父之称。"

⑤ 倍：同"背"，背叛。朱熹注："倍，与背同。"

⑥ 絜矩之道：以身作则、推己及人的方法。絜，度量。矩，画方形的用具，引申为法度。儒家以絜矩之道来象征道德上的规范。郑玄注："絜，犹结也，挈也；矩，法也。君子有挈法之道，谓当执而行之，动作而不失之。"朱熹注："絜，胡结反……度也。矩，所以为方也……是以君子必当因其所同，推以度物，使彼我之间各得分愿，则上下四旁均齐方正，而天下平矣。"

⑦ 毋：不可以，不要。

⑧ 乐只君子，民之父母：引自《诗经·小雅·南山有台》。乐，快乐、愉快。只，助词，无义。

⑨ 节彼南山，维石岩岩。赫赫师尹，民具尔瞻：引自《诗经·小雅·节南山》。节，通"截"，高峻貌。维，助词，无义。岩岩，高大、高耸。师尹，周太师尹氏，太师是周代的三公之一，职掌兵权。具，同"俱"。朱熹注："节，读为截……截然高大貌。""具，俱也。""言在上者人所瞻仰，不可不谨。若不能絜矩而好恶殉于一己之偏，则身弑国亡，为天下之大戮矣。"

⑩ 辟：偏差。朱熹注："辟，读为僻……偏也。"

⑪ 僇（lù）：通"戮"，杀戮。朱熹注："僇，与戮同。"

⑫ 殷之未丧师，克配上帝。仪监于殷，峻命不易：引自《诗经·大雅·文王》。师，民众。克，能够。配，匹配。仪监，《诗经》作"宜鉴"，宜以……为借鉴。峻命，大命，指天命。不易，不改。朱熹注："仪，《诗》作宜。峻，《诗》作骏。易，去声……师，众也。

配，对也。配上帝，言其为天下君，而对乎上帝也。监，视也。峻，大也。不易，言难保也。”郑玄注：“言殷王帝乙以上，未失其民之时，德亦有能配天者，谓天享其祭祀也。及纣为恶，而民怨神怒，以失天下。监视殷时之事，天之大命得之诚不易也。”

⑬ 道：朱熹注：“道，言也。”

⑭ 此：乃，才。

⑮ 外本内末，争民施夺：把根本当作外在的枝末，把枝末当作内在的根本，与民争利，实行劫夺。本，指明德。末，指财。朱熹注：“人君以德为外，以财为内，则是争斗其民，而施之以劫夺之教也。盖财者，人之所同欲，不能絜矩而欲专之，则民亦起而争夺矣。”

⑯ 悖：逆，指违背正道。郑玄注：“言君有逆命，则民有逆辞也。上贪于利，则下人侵畔。”孔颖达疏：“悖，逆也。若人君政教之言悖逆人心而出行者，则民悖逆君上而入以报答也，谓拒违君命也。”朱熹注：“悖，布内反……逆也。”

⑰ 命：指天命。

⑱ 常：始终如一。

⑲《楚书》：楚国的史书。

⑳ 舅犯：晋文公重耳的舅舅狐偃，字子犯。

㉑ 亡人：流亡的人，指重耳。朱熹注：“亡人，文公时为公子，出亡在外也。”

㉒《秦誓》：《尚书·周书》中的一篇。

㉓ 一个臣：《尚书》作“一介臣”。

㉔ 断断：专诚守一。郑玄注：“断断，诚一之貌也。”朱熹注：“断断，诚一之貌。”

㉕ 休休：形容宽容、气魄大。

㉖ 有容：指能够容人。

㉗ 彦圣：善美明达。亦指善美明达之士。朱熹注："彦，美士也。圣，通明也。"

㉘ 不啻：不仅，不只是。

㉙ 以：因为。

㉚ 媢（mào）嫉：也作媢疾、冒疾，嫉妒。媢，嫉妒。朱熹注："媢，音冒……忌也。"

㉛ 违：压制，压抑。朱熹注："违，拂戾也。"

㉜ 俾：使。

㉝ 不通：不达于君，指不能发展或不被重用。

㉞ 殆：危险。朱熹注："殆，危也。"

㉟ 放流：流放，放逐。

㊱ 迸：通"屏"，斥逐，驱除。朱熹注："迸，读为屏，古字通用。迸，犹逐也。"

㊲ 四夷：古代华夏族对四方少数民族的统称。

㊳ 中国：上古时代，华夏族居住于黄河流域一带，以为居天下之中，故称中国，而把周围其他地区称为四方。后泛指中原地区。

㊴ 命：轻慢，怠慢。朱熹注："命，郑氏云：'当作慢。'程子云：'当作怠。'未详孰是。"

㊵ 拂：逆，违背。

㊶ 逮：及，到。

㊷ 骄泰：骄横放纵。

㊸ 疾：迅速，快。

㊹ 舒：慢，舒缓。

㊺ 发身：修身。发，发达、发起。朱熹注："发，犹起也。"

㊻ 府库：旧指国家贮藏财物、兵甲的处所。

㊼ 孟献子：鲁国大夫，名蔑，亦称仲孙蔑。

㊽ 畜马乘：士初成为大夫者。畜，养。乘，指用四匹马拉的车。郑玄注："谓以士初试为大夫也。"朱熹注："畜马乘，士初试为大夫者也。"

㊾ 察：细看，关注，引申为计较。

㊿ 伐冰之家：丧祭可以用冰的人家。伐冰，凿取冰块。古代卿大夫以上的贵族丧祭可以用冰，因以"伐冰之家"称达官贵族。郑玄注："卿大夫以上，丧祭用冰。"朱熹注："伐冰之家，卿大夫以上，丧祭用冰者也。"

51 百乘之家：拥有一百辆车的人家，指有封地的诸侯。郑玄注："有采地者也。"朱熹注："百乘之家，有采地者也。"

52 聚敛之臣：搜刮钱财的家臣。聚，聚集。敛，征收。

53 盗臣：指盗窃府库钱财的家臣。

54 长：为……之长，即掌握、管理。

55 务：专心。

56 彼为善之：朱熹认为："此句上下，疑有阙文误字。"彼，指统治国家的君王。

【译文】

所谓平定天下在于先治理好自己的国家，因为在上位的人尊敬老人，百姓就会兴起孝顺的风气；在上位的人尊重长辈，百姓就会兴起尊重长者的风气；在上位的人存恤孤弱的人，百姓就不会背弃这一美德，所以君子有以身作则、推己及人的方法。如果厌恶上级的某种行为，就不要用这种行为去对待你的下级；如果厌恶下级的某种行为，就不要用这种行为去对待你的上级。如果厌恶前面人的某种行为，就不要用这种行为去对待在你后面的人；如果厌恶你后面人的某种行为，就不要用这种行为去对待在你前面的人。如果厌恶你右边人的某种行为，就不要用这种行为与在你左边的人交往；如果厌恶你左边人的某种行为，就不要用这种行为与在你右边的人交往。这就是以身作则、推己及人的方法。

《诗经》说："快乐的君子啊，是民众的父母。"民众喜好的，他也喜好；民众厌恶的，他也厌恶，这就叫作民众的父母。

《诗经》说："雄伟高峻的南山啊，岩石高高耸立。威仪显赫的尹太师啊，民众都看着你。"拥有国家的人不可以不谨慎，行为稍有偏颇就会被天下人诛杀。

《诗经》说："殷商没有丧失民心的时候，国君还能够匹配上帝。应该以殷商为借鉴，天命是不会改的。"

这是说，拥有了民心，才能得到国家；丧失了民心，就会失去国家。所以，君子首先要慎重修养自己的德行。有了高尚的德行才能拥有民众，拥有民众才能拥有土地，拥有土地才会拥有财富，拥有财富才能保障国家的用度。德行是根本，财富是枝末。把德行这一根本当作外在的枝末，把财富这一枝末当作内在的根本，那就是与民众争夺利益，教民众相互争夺，所以治理国家的人聚财敛货就会导致民心离散，散财给民众就会聚集民心。如果治理国家的人发号施令违背正道，民众也会用违背正道的方式来对待他；用违背正道的方式搜刮来的财富，也会以违背正道的方式失去。《康诰》说：

"天命不是永恒的。"这是说，治理国家的人用善的方式做事便会得到天命，用不善的方式做事便会失去天命啊。

《楚书》说："楚国没有什么东西可以作为宝物，只有善良可以作为宝物。"晋文公的舅舅子犯说："流亡在外的人没有什么东西可以作为宝物，仁爱亲人可以作为宝物。"《秦誓》说："假如有这样一位臣子，忠诚正直而没有其他特殊的技能，他心胸宽广，能够容纳他人。别人拥有的技能，就如同他自己拥有一样。别人善美明达，他心里喜欢，不只是在口头上表示喜欢。这种人确实值得任用，因为他可以保护我的子孙和民众，而且也会给国家带来好处啊！别人拥有技能，他就妒忌、厌恶；别人善美明达、有才能，他便设法压制使别人不能成功。这种人实在不能任用，因为他不能保护我的子孙和民众，也可以说他会带来危险啊！"只有仁德的人才会把这种人流放、驱逐到边远的四夷之地，不让他们同住在中原地区。这就是说，只有仁德的人才能够亲爱好人，能够厌恶坏人。发现贤德的人却不能举荐，举荐了却不能尽早重用他，这就是怠慢。发现坏人而不能罢免他，罢免了而不能把他驱逐到远方，这就是过失。喜欢众人所厌恶的事物，厌恶众人所喜欢的事物，这是违背人的本性，灾祸必定要降临到他身上。所以君子有条大原则，必须靠忠诚信义才能获得它，骄横放纵就会失去它。

创造财富有条大原则，生产的人多，消费的人少，生产财富要迅速，使用财富要舒缓，这样财富便会经常保持充足。仁爱的人靠财富提高自身的德行，不仁的人靠身心去聚敛财富。从来没有治理国家的人喜爱仁德而民众不喜爱道义的，从来没有喜爱道义而做事不成功的，从来没有国库里的财物不是属于国君的。孟献子说："一旦成为大夫，就不再关注养鸡养猪的事；卿大夫那样的人家，不再饲养牛羊之类的牲畜；有封地的诸侯，不应该任用善于搜刮钱财的家臣。与其拥有善于搜刮钱财的家臣，不如拥有盗窃府库钱财的家臣。”这是说，国家不以财货之利为利，而是以仁义为利。国君治理国家却专心聚敛财富，必然是听从了小人的建议，国君还认为小人是好人。任用小人去治理国家，灾难祸患会一齐到来，即使有贤能的人，也没有办法挽救了。这是说，国家不应以财货之利为利，要以仁义为利。

中庸译注

第一　天命章

【原文】

天命①之谓性②，率性之谓道③，修道之谓教④。道也者，不可须臾⑤离也；可离⑥，非道也。是故，君子戒慎乎其所不睹⑦，恐惧乎其所不闻⑧，莫见乎隐，莫显乎微⑨，故君子慎其独也⑩。喜怒哀乐之未发，谓之中⑪；发而皆中节，谓之和⑫。中也者，天下之大本⑬也；和也者，天下之达道⑭也。致中和，天地位焉⑮，万物育焉⑯。

【注释】

①天命：上天所赋予的禀赋。《韩非子·大体》："澹然闲静，因天命，持大体。"

②性：事物固有的性质、特点。《庄子·骈拇》："故性长非所断，性短非所续，无所去忧也。"

③率性之谓道：遵循天性而行叫作道。道，规律、道理。《庄子·养生主》："庖丁释刀对曰：'臣之所好者道也，进乎技矣……'"

④修道之谓教：使人遵循事物本性而行叫作教化。教，教育、教化。《论语·卫灵公》："子曰：'有教无类。'"

⑤须臾：片刻间。《吕氏春秋·长攻》："好须臾之名，不思后患。"

⑥离：背离，违背。《孟子·尽心上》："故士穷不失义，达不离道。"

⑦所不睹：没有人看见的地方。

⑧所不闻：没有人听见的地方。

⑨ 莫见乎隐，莫显乎微：最隐暗的地方也是最容易发现的，最细微的事物也是最容易显露的。

⑩ 君子慎其独也：君子独处时，即使无人监督也应谨慎小心。

⑪ 中：符合。《管子·乘马》："故城郭不必中规矩，道路不必中准绳。"

⑫ 和：恰切，适中。《论语·学而》："有子曰：'礼之用，和为贵……'"

⑬ 大本：天下事物的根本。《荀子·王制》："与天地同理，与万世同久，夫是之谓大本。"

⑭ 达道：共同法则，普遍标准。

⑮ 天地位焉：天地各得其位。

⑯ 万物育焉：万物自然生长发育。

【译文】

上天所赋予的禀赋叫作性，遵循天性而行叫作道，使人遵循事物本性而行叫作教化。道是一刻也不能违背的，如果有所违背，那就不是道了。所以，君子就是在没有人看见的地方也是谨慎小心的，在没有人听见的地方也是有所畏惧的，最隐暗的地方也是最容易发现的，最细微的事物也是最容易显露的。所以道德高尚的人在独处的时候也谨慎小心。喜怒哀乐的感情没有表露出来的时候无所偏向，叫作"中"；表露出来以后都符合法度，叫作"和"。"中"是天下事物的根本，"和"是天下事物的共同法则。达到"中和"的境界，天地就会各得其位，万物就会自然生长发育。

第二　时中章

【原文】

仲尼①曰："君子中庸②，小人反中庸③。君子之中庸也，君子而时中④；小人之反中庸也，小人而无忌惮⑤也。"

【注释】

① 仲尼：孔子名丘，字仲尼。

② 中庸：儒家的道德标准，为人处世守正不偏，不能违背事物固有的特质。《论语·雍也》："子曰：'中庸之为德也，其至矣乎！民鲜久矣。'"

③ 反中庸：偏激行事，违反事物的内在规律。反，违反、违背。《国语·周语下》："足高，日弃其德；言爽，日反其信。"

④ 时中：无时不遵循事物的内在规律，即从不违反中庸之道。时，时常、时时。《史记·吕太后本纪》："时与出游猎。"

⑤ 无忌惮：无所畏惧，不顾违背中庸之道带来的后果。忌惮，因有所顾忌而不敢妄为。《汉书·诸侯王表》："是故王莽知汉中外殚微，本末俱弱，亡所忌惮，生其奸心。"

【译文】

孔子说："君子行事总是遵循事物的内在规律，坚持中庸之道；而小人处事总是违背事物的内在规律，违反中庸之道。君子固守中庸之道，时常将事情做得恰到好处；而小人违反中庸之道，无所畏惧，不顾违背中庸之道带来的后果。"

第三　鲜能章

【原文】

子曰："中庸其至①矣乎！民鲜能久矣②。"③

【注释】

① 至：臻至完美，也就是达到了极点。《史记·礼书》："故绳者，直之至也；衡者，平之至也。"

② 民鲜能久矣：民众很少能够做到已经很久了。鲜，少、很少。《管子·大匡》："天下之国，带甲十万者不鲜矣。"

③ 这一章出自《论语·雍也》。原文是："子曰：'中庸之为德也，其至矣乎！民鲜久矣。'"孔子慨叹人们不能遵守中庸之道，也正是赞美中庸之道。

【译文】

孔子说："以中庸作为道德标准，是臻至完美了！民众很少能够做到已经很久了。"

第四　行明章

【原文】

子曰："道①之不行②也，我知之矣：知③者过之，愚者不及也。道之不明④也，我知之矣：贤者过之，不肖⑤者不及也。人莫不饮食也，鲜能知味⑥也。"

【注释】

① 道：此处指中庸之道。

② 行：运行，指中庸之道流行。《论衡·变虚》："无善无恶，荧惑安居不行动乎。"

③ 知：即"智"。

④ 明：昌明，显明。《荀子·正论》："故主道利明不利幽，利宣不利周。"

⑤ 不肖：原指子不似父，此处指不贤之人。肖，类似。《孟子·万章上》："丹朱之不肖，舜之子亦不肖。"

⑥ 味：滋味，此处喻指中庸之道的意义、旨趣。《文心雕龙·宗经》："是以往者虽旧，余味日新。"

【译文】

孔子说："中庸之道不能流行的原因，我是知道的：聪明的人容易将事情做过，愚笨的人又达不到应有的要求。中庸之道不能昌明的原因，我是知道的：贤能的人容易将事情做过，不贤的人又达不到应有的要求。正如人们每天不能不吃饭一样，很少有人能真正品尝出其中的滋味（只知道中庸之道的重要，很少能领悟其中的旨趣）。”

第五　不行章

【原文】

子曰：“道①其不行矣夫②！”③

【注释】

① 道：此处指中庸之道。

② 其不行矣夫：大概是不能施行了啊。其，表示大概、恐怕等推测语气，助词。矣夫，表示深深的感叹语气。

③ 朱熹注：“此章承上章而举其不行之端，以起下章之意。”

【译文】

孔子说：“中庸之道大概是不能施行了啊！”

第六　大知章

【原文】

子曰："舜其大知也与①！舜好②问而好察迩言③，隐恶④而扬善⑤，执其两端⑥，用其中于民⑦。其斯以为舜乎⑧！"

【注释】

① 舜其大知也与：舜真是明智啊！知，明智。"其……也与"句式在此表示赞叹语气。

② 好：喜爱。《孟子·梁惠王上》："孟子对曰：'王好战，请以战喻。……'"

③ 迩言：浅近的话。《诗经·小雅·小旻》："维迩言是听，维迩言是争。"

④ 隐恶：隐藏不好邪恶的言论。隐，隐讳、掩盖。《春秋左氏传序》："此理之常，非隐之也。"

⑤ 扬善：宣扬美好的言论。扬，传布、称颂。《荀子·不苟》："君子崇人之德，扬人之美，非谄谀也。"

⑥ 两端：事物的两头或正反两方面的道理。《论语·子罕》："子曰：'……我叩其两端而竭焉。'"

⑦ 用其中于民：以中庸之道治理人民。

⑧ 其斯以为舜：这就是舜之所以为舜的缘由。斯，指示代词，此、这。《楚辞·渔父》："渔父见而问之曰：'子非三闾大夫与？何故至于斯？'"

【译文】

孔子说："舜真是明智啊！舜不但喜爱向人学习发问，而且喜欢分析、省察那些浅近的话，隐藏不好的言论而宣扬美好的言论；严格把握事物的两头，以中庸之道治理人民，这就是舜之所以为舜的缘由吧！"

第七　予知章

【原文】

子曰："人皆曰'予知①'，驱而纳诸罟②、擭③、陷阱之中而莫之知辟④也。人皆曰'予知'，择乎中庸而不能期月守也⑤。"

【注释】

① 知：聪明，明智。

② 纳诸罟(gǔ)：落入罗网。纳，纳入，引申为落入。《周易·坎》："纳约自牖。"罟，网的通称。《诗经·小雅·小明》："岂不怀归？畏此罪罟。"

③ 擭（huò）：捕兽的器械。

④ 莫之知辟：莫知辟之，代词作宾语要前置。辟，通"避"，避开、躲避。《汉书·董仲舒传》："仲舒对曰：'……舜知不可辟，乃即天子之位……'"

⑤ 择乎中庸而不能期（jī）月守也：选择了中庸之道，却连一个月都不能坚持。期月，一整月。《后汉书·耿纯传》："期月之间兄弟称王。"守，遵守、奉行。《盐铁论·论儒》："御史曰：'……孟轲守旧术，不知世务……'"

【译文】

孔子说："人人都说'我聪明'，被驱赶而落入罗网、兽笼或陷阱之中，却不知道如何躲避。人人都说'我聪明'，选择了中庸之道，却连一个月都不能坚持。"

第八　服膺章

【原文】

子曰："回[①]之为人也，择乎中庸，得一善，则拳拳服膺[②]而弗失[③]之矣。"

【注释】

① 回：孔子的弟子颜回，字子渊，也称颜渊。

② 拳拳服膺（yīng）：忠谨恳切地牢记心中。拳拳，忠谨恳切的样子。《汉书·贡禹传》："臣禹不胜拳拳，不敢不尽愚心。"服膺，牢记在心中。《后汉书·班固传》："博贯庶事，服膺六蓺。"

③ 失：丢失，放弃，违背。《孟子·尽心上》："故士穷不失义，达不离道。"

【译文】

孔子说："颜回的为人是这样的，选择了中庸之道，获得了一个有益的道理，就忠谨恳切地牢记心中并不违背它。"

第九　可均章

【原文】

子曰："天下国家可均①也，爵禄可辞②也，白刃可蹈③也，中庸不可能④也。"

【注释】

① 均：朱熹注："均，平治也。"此处指公平治理。《论语·季氏》："孔子曰：'……盖均无贫，和无寡，安无倾……'"

② 辞：推辞，不接受。《孟子·万章下》："孟子曰：'……柳下惠不羞污君，不辞小官……'"

③ 蹈：踩，踏。《论衡·幸偶》："足所不蹈，全活不伤。"

④ 能：能够做到。《孟子·梁惠王上》："故王之不王，不为也，非不能也。"

【译文】

孔子说："天下国家是可以治理好的，爵位俸禄是可以推辞的，锋利的刀刃是可以踩踏而过的，中庸之道却是不能轻易做到的。"

第十　问强章

【原文】

子路①问强②。子曰："南方之强与③？北方之强与？抑而强与④？宽柔以教⑤，不报无道⑥，南方之强也，君子居之⑦。衽金革，死而不厌⑧，北方之强也，而强者居之⑨。故君子和而不流⑩，强哉矫⑪！中立而不倚⑫，强哉矫！国有道，不变塞⑬焉，强哉矫！国无道，至死不变⑭，强哉矫！"

【注释】

① 子路：姓仲，名由，字子路，孔子的得意弟子，以勇武著称。

② 强：强盛，勇武。《韩非子·有度》："国无常强，无常弱。"

③ 与：语助词，用于句末，表示疑问或反诘。《楚辞·渔父》："渔父见而问之曰：'子非三闾大夫与？……'"

④ 抑而强与：还是你自己认为的刚强呢？抑，连词，表示转折或选择。此处表示选择，相当于"或者是""还是"。

⑤ 宽柔以教：以宽缓柔和的态度来教化人。宽柔，宽缓柔和。《汉书·哀帝纪》："温良宽柔，陷于亡灭。"

⑥ 不报无道：虽然别人对自己强横无理，自己也不报复。无道，此处指强横无理。

⑦ 君子居之：君子以这种态度自处。居，通"举"，指行动、举措。《荀子·非相》："居错迁徙，应变不穷，是圣人之辩者也。"

⑧ 衽金革，死而不厌：以兵戈甲胄为枕席，至死都不后悔。衽，

这里用作动词，以之为席。金，指兵戈。革，指甲胄。厌，嫌恶。曹操《短歌行》:“山不厌高，海不厌深。”

⑨ 强者居之：强者以这种态度自处。

⑩ 和而不流：君子谦和而不同流合污。

⑪ 强哉矫：这样的强才是真正的强啊。矫，坚强的样子。

⑫ 中立而不倚：保持中立，不偏不倚。

⑬ 不变塞：不改变当初困厄时的操守。塞，困厄，与“通”相对。韩愈《驽骥》:“孰云时与命？通塞皆自由。”

⑭ 国无道，至死不变：国家政治昏暗，至死都不改变自己的主张。

【译文】

子路问怎样才叫作“强”。孔子说:“你想知道南方人表现的强呢，还是北方人表现的强呢，或者是你自己认为的强呢？以宽缓柔和的态度来教化他人，虽然别人对自己强横无理，自己也不报复，这是南方人的强，君子以这种态度自处。以兵戈甲胄为枕席，至死都不后悔，这是北方人的强，勇武之人以这种态度自处。所以品德高尚的人谦和而不同流合污，这样的强才是真正的强啊！保持中立而不偏不倚，这样的强才是真正的强啊！国家政治清明，不改变当初困厄时的操守，这样的强才是真正的强啊！国家政治昏暗，至死都不改变自己的主张，这样的强才是真正的强啊！”

第十一　素隐章

【原文】

子曰："素隐行怪①，后世有述②焉，吾弗为之矣。君子遵道而行，半涂③而废，吾弗能已④矣。君子依乎中庸，遁世不见知而不悔⑤，唯圣者能之。"

【注释】

①素隐行怪：思想隐僻、偏激，行动怪异。素，当作"索"，疑字误。隐，隐僻、偏激。《春秋左氏传序》："此理之常，非隐之也。"

②述：传述，记述。《论语·述而》："子曰：'述而不作，信而好古……'"

③涂：通"途"，道路。《论衡·逢遇》："昔周人有仕数不遇，年老白首，泣涕于涂者。"

④吾弗能已：我不能停止。已，停止、废止。《汉书·吴王濞传》："汉廷臣方议削吴，吴王恐削地无已，因欲发谋举事。"

⑤遁世不见知而不悔：虽隐伏起来不为人所知，也无所怨恨。遁，隐伏、隐藏。《楚辞·离骚》："初既与余成言兮，后悔遁而有他。"

【译文】

孔子说："思想隐僻、偏激，行动怪异，即使能够被后世传述，我也不会效仿。君子遵循中庸之道行事，在中途停下来放弃中庸之道，我不能停止坚持中庸之道。君子依从中庸之道，虽隐伏起来不为人所知，也无所怨恨（即使不被传述也不后悔），只有圣人才能做到。"

第十二　费隐章

【原文】

君子之道，费而隐[①]。夫妇之愚，可以与知焉[②]；及其至[③]也，虽圣人亦有所不知焉[④]。夫妇之不肖，可以能行[⑤]焉；及其至也，虽圣人亦有所不能焉[⑥]。天地之大也，人犹有所憾[⑦]。故君子语大，天下莫能载[⑧]焉；语小，天下莫能破[⑨]焉。《诗》云："鸢飞戾天，鱼跃于渊[⑩]。"言其上下察也[⑪]。君子之道，造端[⑫]乎夫妇，及其至也，察乎天地。

【注释】

① 费而隐：广大而微妙。费，原指多用钱物，此处暗指事理广大。隐，微妙、深奥。《后汉书·顺帝纪》："诏大将军、公、卿举贤良方正、能探赜索隐者各一人。"

② 可以与知焉：能够参与并有所了解（君子之道）。与，参与。《左传·僖公三十二年》："蹇叔之子与师。"焉，代词，之，即君子之道。

③ 至：极致，最高境界。《吕氏春秋·具备》："巫马旗归，告孔子曰：'宓子之德至矣……'"

④ 虽圣人亦有所不知焉：即使是圣人也不能尽知。言及中庸之道至高境界的高妙。

⑤ 夫妇之不肖，可以能行：普通夫妇即使不贤德，也能够践行中庸之道。不肖，不才、不贤。《韩非子·功名》："尧为匹夫，不能正三家，非不肖也，位卑也。"

⑥ 虽圣人亦有所不能焉：即使是圣人也不能达到。言及中庸之道至高境界的难行。

⑦ 憾：遗憾，不足的地方。《国语·鲁语下》："士朝而受业，昼而讲贯，夕而习复，夜而讨过无憾，而后即安。"

⑧ 天下莫能载：天下没有什么东西能够承载它。

⑨ 天下莫能破：天下没有什么东西能够击破它。

⑩ 鸢（yuān）飞戾（lì）天，鱼跃于渊：引自《诗经·大雅·旱麓》，意思是鹞鹰飞上天际，鱼儿跃在深渊。以此比喻君子之道博大精微，能上能下，能深能浅。戾，到达。《国语·鲁语上》："曰：'天灾流行，戾于敝邑……'"

⑪ 言其上下察也：是说君子之道的流行显明。察，明晰、昭著。《韩非子·问辩》："对曰：'……言虽至察，行虽至坚，则妄发之说也。……'"

⑫ 造端：开端，起始。

【译文】

君子之道（即中庸之道）用途广大而本体又精微奥妙。普通夫妇即使愚笨，也能够参与并了解君子之道的一些内容；至于君子之道的最高境界，即使是圣人也不能尽知其中的高妙。普通夫妇即使不贤德，也能够践行此道；至于君子之道的最高境界，即使是圣人也不能达到。天地博大，人们仍然感觉有一些遗憾之处。所以君子（奉行中庸之道）如果说大，天下没有什么东西可以承载它；如果说小，天下没有什么东西可以击破它。《诗经》说："鹞鹰飞上天际，鱼儿跃在深渊。"这是说君子之道的流行显明。君子之道起始于普通夫妇，等它达到最高境界，则显明于天地之间。

第十三　不远章

【原文】

子曰："道不远人[①]，人之为道而远人，不可以为道[②]。《诗》云：'伐柯伐柯，其则不远[③]。'执柯以伐柯，睨[④]而视之，犹以为远。故君子以人治人，改而止[⑤]。忠恕违道不远[⑥]，施诸己而不愿，亦勿施于人[⑦]。君子之道四，丘[⑧]未能一焉。所求乎子以事父[⑨]，未能也；所求乎臣以事君，未能也；所求乎弟以事兄，未能也；所求乎朋友先施之[⑩]，未能也。庸[⑪]德之行，庸言之谨，有所不足，不敢不勉；有余，不敢尽[⑫]。言顾行，行顾言，君子胡不慥慥尔[⑬]！"

【注释】

① 道不远人：道是不能离开人的。

② 人之为道而远人，不可以为道：如果远离人来践行君子之道，那就不可以称为道了。

③ 伐柯伐柯，其则不远：引自《诗经 · 豳风 · 伐柯》，意思是用斧子砍伐木材来做斧柄，找到合适的木材并不太难。以此喑喻践行道也不太难，就在于行人事。柯，斧柄。

④ 睨（nì）：斜视。《楚辞 · 离骚》："陟升皇之赫戏兮，忽临睨夫旧乡。"

⑤ 以人治人，改而止：按照人的本性来教化人，如果能使其改正，就可以停止了（就不必再教化了）。

⑥ 忠恕违道不远：忠恕接近于道。《论语·里仁》："曾子曰：'夫子之道，忠恕而已矣。'"

⑦ 施诸己而不愿，亦勿施于人：不愿意被别人施加在自己身上的事情，自己也不要将此事施加在别人身上。《论语·卫灵公》："子曰：'其恕乎！己所不欲，勿施于人。'"

⑧ 丘：孔子自称。

⑨ 所求乎子以事父：按照对儿子的要求来侍奉自己的父亲。

⑩ 所求乎朋友先施之：按照对朋友的要求先去对待自己的朋友。

⑪ 庸：日常，平常。《荀子·不苟》："庸言必信之，庸行必慎之。"

⑫ 尽：竭尽，做尽，表示过分。《荀子·正名》："虽为天子，欲不可尽。"

⑬ 君子胡不慥慥尔：君子哪有不忠厚诚实的呢！慥慥，忠厚诚实的样子。权德舆诗《送别沅汎》："温温禀义方，慥慥习书诗。"

【译文】

孔子说："道是不能远离人的，如果远离人来践行君子之道，那就不可以称为道了。《诗经》说：'用斧子砍伐木材来做斧柄，找到合适的木材并不太难。'握着斧柄砍削木材来做斧柄，如果斜着眼睛去看，会以为差异很大。所以君子按照人的本性来教化人，如果能使其改正，就可以停止了。忠恕接近于道，不愿意被别人施加在自己身上的事情，自己也不要将此事施加在别人身上。君子之道有四个方面，我连一个方面也没有做到。按照对儿子的要求来侍奉自己的父亲，没能做到；按照臣下侍奉国君的要求来侍奉自己的国君，没能做到；按照弟弟侍奉兄长的要求来侍奉自己的兄长，没能做到；

按照对朋友的要求先去对待自己的朋友，没能做到。平常道德尽力实践，平常说话力求恭谨，这些事还做得不够，不敢不勉力去做；如果有些地方做得已经够好了，也不敢把话说尽。言语要顾及自己的行为，行为要顾及自己的言语，这样的君子哪有不忠厚诚实的呢！”

第十四　素位章

【原文】

君子素①其位而行，不愿乎其外②。素富贵，行乎富贵③；素贫贱，行乎贫贱；素夷狄，行乎夷狄④；素患难，行乎患难。君子无入而不自得⑤焉！

在上位，不陵⑥下；在下位，不援⑦上。正己而不求于人，则无怨。上不怨天，下不尤人⑧。故君子居易以俟命⑨，小人行险以徼幸⑩。子曰："射有似乎君子，失诸正鹄，反求诸其身⑪。"

【注释】

① 素：一向，平素。《史记·陈涉世家》："吴广素爱人，士卒多为用者。"

② 不愿乎其外：不羡慕本分以外的名利。愿，倾慕、羡慕。《论衡·量知》："富人在世，乡里愿之。"

③ 素富贵，行乎富贵：平素是富贵的，就按富贵的身份去行事。

④ 素夷狄，行乎夷狄：平素处于少数民族区域，就按少数民族区域的风土人情去行事。夷狄，泛指少数民族。夷，古代指我国东方少数民族。狄，古代指我国北方少数民族。

⑤ 君子无入而不自得：君子无论进入何种状态或处于何种境地，没有不安然自得的。言及君子之道的普遍适应性特征。

⑥ 陵：通"凌"，侵犯，欺辱。《史记·酷吏列传》："好气，为

人小吏，必陵其长吏。”

⑦ 援：攀附，依附。

⑧ 不尤人：不抱怨、指责别人。尤，抱怨、指责。《楚辞·九章·惜往日》：“何贞臣之无罪兮，被离谤而见尤？”

⑨ 居易以俟（sì）命：安心于平淡、被人忽略的境地，以等待天命好转。俟命，听天由命，等待天命好转。《国语·晋语二》：“申生曰：‘……吾将伏以俟命。’”

⑩ 行险以徼幸：冒险行事以求得意外的成功或免于不幸。

⑪ 失诸正鹄（gǔ），反求诸其身：没有射中箭靶的中心，要反过来检查自己的姿势是否合乎要求。鹄，箭靶的中心。《礼记·射义》：“故射者，各射己之鹄。”

【译文】

君子应按照平素所处的地位去行事，不要羡慕本分以外的名利。平素是富贵的，就按富贵的身份去行事；平素是贫贱的，就按贫贱的身份去行事；平素处于少数民族区域，就按少数民族区域的风土人情去行事；平素面临危难，就按患难的处境去行事。君子无论进入何种状态（或处于何种境地），没有不安然自得的！

居于高位，不欺辱处在下位的人；处在下位，不攀附处在上位的人。端正自己而无求于别人，就没有怨恨。上不埋怨天命，下不责怪别人。所以君子安心于平淡、被人忽略的境地以等待天命好转，小人则冒险行事以求得意外的成功（或免于不幸）。孔子说：“君子之风如同射箭，射箭时没有射中箭靶的中心，要反过来检查自己的姿势是否合乎要求。”

第十五 行远章

【原文】

君子之道，辟如①行远必自迩②，辟如登高必自卑。《诗》曰：“妻子好合，如鼓瑟琴③。兄弟既翕，和乐且耽④。宜尔室家，乐尔妻帑⑤。”子曰：“父母其顺矣乎⑥！”

【注释】

① 辟如：譬如。辟，通“譬”，比如、比方。《孟子·尽心上》：“孟子曰：‘有为者辟若掘井……’”

② 行远必自迩：行路必然由近及远。迩，近处。《孟子·离娄上》：“孟子曰：‘道在迩而求诸远，事在易而求诸难……’”

③ 妻子好合，如鼓瑟琴：引自《诗经·小雅·常棣》，意思是夫妻之间修好和乐，就像击打琴瑟发出的音响和美动听。言夫妻关系和谐。

④ 兄弟既翕（xī），和乐且耽（dān）：兄弟聚会，和睦欢乐以至沉浸其中。翕，聚会。《世说新语·排调》：“……翕集家门，倾动人物。”耽，迷恋，沉浸其中。《尚书·周书·无逸》：“生则逸，不知稼穑之艰难，不闻小人之劳，惟耽乐之从。”

⑤ 宜尔室家，乐尔妻帑（nú）：家庭和美安逸，妻儿欢乐欣喜。帑，通“孥”，儿女。

⑥ 父母其顺矣乎：父母也就和顺安舒了。顺，和顺、安舒。《诗经·郑风·女曰鸡鸣》：“知子之顺之，杂佩以问之。”

【译文】

君子之道，正如行路必然由近及远，正如登高必然从低到高。《诗经》说："夫妻之间修好和乐，就像击打琴瑟发出的音响和美动听。兄弟聚会，和睦欢乐以至沉浸其中。家庭和美安逸，妻儿欢乐欣喜。"孔子说："（一个人如果能使夫妻和睦、儿女欢乐、兄弟友爱、家庭祥和，）他的父母也就和顺安舒了！"

第十六　鬼神章

【原文】

子曰："鬼神之为德[①]，其盛矣乎！视之而弗见，听之而弗闻，体物而不可遗[②]。使天下之人，齐明盛服[③]，以承祭祀，洋洋[④]乎如在其上，如在其左右。《诗》曰：'神之格思，不可度思，矧可射思[⑤]。'夫微之显，诚之不可掩如此夫[⑥]！"

【注释】

①鬼神之为德：鬼神宣扬功德的作用。鬼神，阴阳二气之灵。曾子云："阳之精气曰神，阴之精气曰灵。神灵者，品物之本也……"（《大戴礼记·曾子天圆》）张载云："鬼神者，二气之良能也。"（《太和篇》）朱熹说："愚谓以二气言，则鬼者阴之灵也，神者阳之灵也。"德，功德。

②体物而不可遗：体现在万事万物上，不可缺少。体，体现、表现出来。《后汉书·班固传》："体弘懿之姿，据高明之埶。"遗，缺少、遗漏。曹植《七启》："举不遗才，进各异方。"

③齐明盛服：斋戒沐浴，穿戴整齐。齐，同"斋"，意指整洁身心，以示虔诚。《汉书·高帝纪上》："于是汉王齐戒设坛场。"明，（沐浴）净身，以示虔诚。

④洋洋：形容众多，有气势。《楚辞·九章·悲回风》："轧洋洋之无从兮，驰委移之焉止。"

⑤神之格思，不可度思，矧（shěn）可射（yì）思：引自《诗

经·大雅·抑》，意思是神灵降临，不可揣测，又怎能怠慢不敬呢。格，来、至。《诗经·小雅·楚茨》："神保是格，报以介福，万寿攸酢！"矧，况且、何况。《尚书·周书·大诰》："厥子乃弗肯播，矧肯获？"射，通"斁"，厌弃。思，句末语气助词。《诗经·小雅·采薇》："今我来思，雨雪霏霏。"

⑥ 夫微之显，诚之不可掩如此夫：鬼神显现总是非常隐微的，应虔诚以见，不可掩盖啊。掩，遮蔽、掩盖。《吕氏春秋·贵生》："故雷则掩耳，电则掩目。"

【译文】

孔子说："鬼神宣扬功德的作用，应该很大啊！虽然看不见它们的痕迹，听不到它们的声音，但它们的功德体现在万事万物上，不可缺少。使天下人都斋戒沐浴，整洁身心，以示虔诚，穿着盛装进行祭祀，它们浩浩荡荡、气势恢宏，就好像时刻出现在人的上方，就好像时刻围绕在人的左右。《诗经》说：'神灵降临，不可揣测，又怎能怠慢不敬呢？'鬼神显现总是非常隐微的，应虔诚以见，不可掩盖啊！"

第十七　大德章

【原文】

子曰："舜其大孝也与①！德为圣人②，尊为天子③，富有四海之内；宗庙飨之④，子孙保之⑤。故大德，必得其位，必得其禄，必得其名，必得其寿。故天之生物，必因其材而笃焉⑥。故栽者培之，倾者覆之⑦。《诗》曰：'嘉乐君子，宪宪令德⑧；宜民宜人，受禄于天⑨；保佑命之，自天申之⑩。'故大德者必受命⑪。"

【注释】

① 也与：语气词，表示肯定、感慨。

② 德为圣人：在品德修养方面是（人所景仰的）圣人。

③ 尊为天子：在尊贵方面是（人所敬服的）天子。尊，尊贵、地位高。《论衡·逢遇》："处尊居显，未必贤，遇也。"

④ 宗庙飨（xiǎng）之：人们建立宗庙来祭祀舜。飨，奉献祭品，祭祀。《吕氏春秋·九月纪》："是月也，大飨帝，尝牺牲，告备于天子。"

⑤ 子孙保之：子孙后代维护舜的德业。保，维护、保全。《老子·第十五章》："保此道者不欲盈。"

⑥ 故天之生物，必因其材而笃焉：所以天下万物都有自己的材质，材质越好越受到人们的笃爱。说明舜的德才极高。笃，厚爱、深爱。《史记·伯夷列传》："颜渊虽笃学，附骥尾而行益显。"

⑦ 故栽者培之，倾者覆之：所以（对人如同种树，）对于可种

植的苗木，一定要进行培育；对于已经倾倒的树木，就把它砍掉。

⑧ 嘉乐君子，宪宪令德：引自《诗经·大雅·假乐》，原句作“假乐君子，显显令德”。意思是君子欢欣快乐，美德盛大光明。嘉，欢欣快乐。《左传·昭公二十一年》：“物和则嘉成。”宪宪，光明的样子。

⑨ 宜民宜人，受禄于天：合乎民意，承受上天赐予的福禄。宜，合适、合意。《史记·吕太后本纪》：“……令其子寄往给说吕禄曰：‘……事已布告诸侯，诸侯皆以为宜……’”

⑩ 保佑命之，自天申之：上天总是保佑他，一再赐予他尊位。申，一再、重复。《孟子·梁惠王上》：“谨庠序之教，申之以孝悌之义。”

⑪ 故大德者必受命：所以德才极大之人一定会得到上天的赐命（，然后施德于万民）。

【译文】

孔子说：“舜的确是大孝大贤啊！他在品德修养方面是（人所景仰的）圣人，在尊贵方面是（人所敬服的）天子，在财富占有方面拥有整个天下；人们建立宗庙来祭祀他，有子孙后代来维护他的德业。所以才德盛大的人，一定会得到应得的尊位，一定会得到应得的福禄，一定会得到应得的美誉，一定会得到应得的寿命。所以天下万物都有自己的材质，材质越好越受到人们的笃爱。所以（对人如同种树，）对于可种植的苗木，一定要进行培育；对于已经倾倒的树木，就把它砍掉。《诗经》说：‘君子欢欣快乐，美德盛大光明；君子合乎民意，承受上天赐予的福禄；上天总是保佑他，一再赐予他尊位。’所以，德才极大之人一定会得到上天的赐命（，然后施德于万民）。”

第十八　无忧章

【原文】

子曰:“无忧者,其唯文王乎[1]！以王季为父,以武王为子;父作之，子述之[2]。武王缵大王、王季、文王之绪[3]，壹戎衣而有天下[4]，身不失天下之显名；尊为天子，富有四海之内；宗庙飨之，子孙保之。武王末受命[5]，周公成文武之德[6]，追王大王、王季[7]，上祀先公以天子之礼[8]。斯礼也，达[9]乎诸侯、大夫及士、庶人。父为大夫，子为士，葬以大夫，祭以士。父为士，子为大夫，葬以士，祭以大夫。期[10]之丧，达乎大夫；三年之丧，达乎天子；父母之丧，无贵贱一也。”

【注释】

① 无忧者,其惟文王乎:没有忧患的人,大概只有周文王吧。惟,只有。《左传·僖公五年》:“对曰：‘臣闻之，鬼神非人实亲，惟德是依……’”

② 父作之,子述之:(文王的)父亲为文王开创了基业,儿子(武王)对这些基业加以传承。父，指文王的父亲王季。子，指文王的儿子武王。述，传承。《论语·述而》:“子曰：‘述而不作，信而好古……’”

③ 武王缵(zuǎn)大王、王季、文王之绪：武王继承了大王、王季、文王的丰功伟业。缵，继承、继续。绪，事业、功业。《诗经·鲁颂·閟宫》:“奄有下土，缵禹之绪。”大王，王季的父亲，即

古公亶父。

④ 壹（yì）戎衣而有天下：一举消灭殷商，平定天下。壹，用武力一举（消灭）。戎衣，此处应指戎殷。《尚书·周书·康诰》："王若曰：'……天乃大命文王殪戎殷……'"

⑤ 武王末受命：武王晚年受天命为天子。

⑥ 周公成文武之德：周公成就了文王和武王的德业。

⑦ 追王大王、王季：追封太王、王季的王号。追王，追封王号。王，此处作动词。

⑧ 上祀先公以天子之礼：以天子之礼祭祀太王和王季。

⑨ 达：通行。

⑩ 期：一年。

【译文】

孔子说："没有忧患的人，大概只有周文王吧！王季是他的父亲，武王是他的儿子。父亲为他开创了基业，儿子对这些基业加以传承。武王继承了大王、王季、文王的丰功伟业，一举消灭殷商，平定天下，自身没有失去在天下的显赫声名；拥有崇高的天子之尊，天下财富也尽归其有；人们建立宗庙来祭祀他，有子孙后代来维护他的德业。武王在晚年受天命为天子，周公成就了文王、武王的德业，追封太王、王季的王号，以天子之礼祭祀太王和王季。这种礼仪一直推行到诸侯、大夫、士以及庶民。父亲是大夫，儿子为士，丧葬采用大夫的礼，祭祀采用士的礼。父亲是士，儿子是大夫，丧葬采用士的礼，祭祀采用大夫的礼。守丧一年的丧礼，从百姓通行到大夫；守丧三年的丧礼，从百姓通行到天子；为父母守丧，不分贵贱，天子、百姓都是一样的。"

第十九　大孝章

【原文】

子曰："武王、周公其达孝矣乎①！夫孝者善继人之志，善述人之事者也②。春秋③修其祖庙，陈其宗器，设其裳衣，荐其时食④。

"宗庙之礼，所以序昭穆也⑤；序爵⑥，所以辨贵贱也；序事⑦，所以辨贤也；旅酬下为上⑧，所以逮贱也；燕毛⑨，所以序齿也⑩。践其位，行其礼，奏其乐；敬其所尊，爱其所亲；事死如事生，事亡如事存，孝之至也。

"郊社之礼⑪，所以事上帝也；宗庙之礼，所以祀乎其先也。明乎郊社之礼，禘尝之义⑫，治国其如示诸掌乎⑬！"

【注释】

①武王、周公其达孝矣乎：周武王和周公真是深通孝道啊。达，通晓。《后汉书·循吏列传》："初，光武长于民间，颇达情伪。"矣乎，语气词，表示感叹。

②夫孝者善继人之志，善述人之事者也：奉行孝道的人都擅长继承先人的志向，也善于传承先人的事功。

③春秋：春祭和秋祭是一年中最重要的两次祭祀。

④荐其时食：为祭祀进献适合时令的食品。荐，进献。《国语·周语上》："及期，郁人荐鬯，牺人荐醴。"

⑤所以序昭穆也：（宗庙祭祀的礼制）是用来排列先后次序的。

序，动词，安排次序。《周礼·春官·肆师》：“以岁时序其祭祀，及其祈珥。”昭穆，古代宗庙之制按宗法设定，始祖庙居中，二、四、六世祖居于始祖庙左方，称为昭；三、五、七世祖居于始祖庙右方，称为穆。《谷梁传·文公二年》：“先亲而后祖也，逆祀也。逆祀则是无昭穆也。”

⑥ 序爵：按照爵位的等级来排列次序（以区分贵贱）。

⑦ 序事：按职务排列次序。

⑧ 旅酬下为上：众人饮酒时，在下位的人向在上位的人敬酒。旅，指众人。酬，原指古时酒宴礼节，也叫导饮，后通称敬酒。朱熹注：“旅酬之礼，宾弟子、兄弟之子各举觯于其长而众相酬。”

⑨ 燕毛：宴请老人。燕，同“宴”，指宴请。毛，同“耄”，指老人。朱熹注：“祭毕而燕，则以毛发之色别长幼，为坐次也。”

⑩ 所以序齿也：是按照年龄大小来排列座次的。齿，岁数、年龄。《后汉书·崔骃传》：“聊优游以永日兮，守性命以尽齿。”

⑪ 郊社之礼：祭祀天地的礼仪。郊社，祭祀天地的地方。《尚书·周书·泰誓下》：“郊社不修，宗庙不享，作奇技淫巧以悦妇人。”

⑫ 禘（dì）尝之义：大祭和秋祭的意义。禘，大祭的名称，古代帝王祭祀先祖的一种典礼。《左传·僖公八年》：“秋，七月，禘于大庙。”尝，祭祀名称，宗庙祭祀中的秋祭。《后汉书·冯衍传》：“……春秋蒸尝，昭穆无列。”

⑬ 治国其如示诸掌乎：治理国家就好像翻转手掌给人看。极言帝王宗庙祭祀的政治意义重大。示诸掌，见于《论语·八佾》。“子曰：‘不知也。知其说者之于天下也，其如示诸斯乎！’指其掌。”

【译文】

孔子说 :“周武王和周公真是深通孝道啊！奉行孝道的人都擅长继承先人的志向，也善于传承先人的事功。春祭和秋祭作为一年中最重要的两次祭祀，（武王和周公）修葺好自己的祖庙，陈列好先祖流传下来的宝物，摆设好先祖遗留下来的衣裳，进献适合时令的食品。

“宗庙祭祀的礼制，是用来排列先后次序的；按照爵位的等级来排列次序，是用来辨别身份贵贱的；按职务排列次序，是用来辨别才能高低的；众人饮酒时，在下位的人向在上位的人敬酒，是用来显示先祖的恩惠已下达到地位低贱者身上的；宴会是按照年龄大小来排列座次的。让先祖登上神位，行使先祖创制的礼仪，演奏先祖创制的音乐；敬重先祖尊敬的人，亲爱先祖亲近的人；祭祀死者就像侍奉生者一样，侍奉亡故的就像侍奉活着的一样，这才是孝的极致啊！

“祭祀天地的礼仪，是用来祭祀上帝的；宗庙祭祀的礼仪，是用来祭祀先祖的。懂得了祭祀天地的礼仪、大祭和秋祭的意义，治理国家就好像翻转手掌给人看（一样容易了）！”

第二十　问政章

【原文】

哀公[①]问政。子曰："文、武之政，布在方策[②]。其人存，则其政举[③]；其人亡，则其政息。人道敏政[④]，地道敏树。夫政也者，蒲卢[⑤]也。故为政在人[⑥]，取人以身[⑦]，修身以道，修道以仁。仁者，人也[⑧]，亲亲为大；义者，宜也[⑨]，尊贤为大。亲亲之杀[⑩]，尊贤之等，礼所生也。在下位不获乎上，民不可得而治矣[⑪]。

【注释】

①哀公：公元前494～前468年在位，即姬蒋，谥号"哀"。春秋时期鲁国的最后一位国君。

②方策：典册，典籍，也作方册。方，木板。策，成册的竹简。《后汉书·马融传》："然犹咏歌于伶萧，载陈于方策，岂不哀哉！"

③举：（政令）得以施行。

④人道敏政：治理人事的道理在于勤勉于政事。敏，勤勉、努力。《论语·述而》："子曰：'我非生而知之者，好古，敏以求之者也。'"

⑤蒲卢：芦苇。芦苇性柔，生长快，可塑性强。

⑥为政在人：政事的施行在于人才。

⑦取人以身：选取人才取决于君王自身。

⑧仁者，人也：仁就是爱人。

⑨义者，宜也：义就是做该做的事。

⑩ 亲亲之杀：亲爱亲族在程度上有亲疏差别。杀，等级、亲疏。

⑪ 在下位不获乎上，民不可得而治矣：这句话应在下文出现，在此出现当属误简，故此处不译。

【译文】

鲁哀公向孔子请教政事。孔子说："周文王、周武王的政事，都记录在典册上。他们在世时，政令就能得以施行；他们不在人世，政令就会废止。治理人事的道理在于勤勉于政事，管理土地的道理在于努力种植。可见,政事就像蒲苇一样。所以政事的施行在于人才，选用人才取决于君王自身。修养自身要遵循中庸之道，遵循中庸之道要依据仁。仁就是爱人,以亲爱亲族最为重要;义就是做该做的事，以尊敬贤能最为重要。亲爱亲族在程度上有亲疏差别，尊敬贤能在程度上有贵贱等级，这就是礼产生的原因。

【原文】

"故君子不可以不修身①，思修身，不可以不事亲②；思事亲，不可以不知人③；思知人，不可以不知天④。"

【注释】

① 修身：提高修养，陶冶性情。《吕氏春秋·慎人》："汤、武修身积善为义，以忧苦于民，人也。"

② 事亲：服侍或侍奉亲族。事，侍奉。《汉书·高帝纪上》："发使告诸侯曰：'天下共立义帝，北面事之……'"

③ 知人：懂得亲亲、尊贤的仁爱本性。人，通"仁"，也就是仁者爱人。《吕氏春秋·举难》："故君子责人则以人，自责则以义。"

④ 知天：通晓自然之理。

【译文】

“所以君子不可以不提高修养、陶冶性情，想要提高修养、陶冶性情，不可以不侍奉亲族；想要侍奉亲族，不可以不懂得亲亲、尊贤的仁爱本性；想要懂得仁爱本性，不可以不通晓自然之理。”

【原文】

天下之达道[①]五，所以行之者三。曰：君臣也，父子也，夫妇也，昆弟[②]也，朋友之交也，五者，天下之达道也；知、仁、勇三者，天下之达德也；所以行之者，一也[③]。或生而知之，或学而知之，或困而知之，及其知之，一也。或安而行之[④]，或利而行之[⑤]，或勉强而行之[⑥]，及其成功，一也。

子曰：“好学近乎知，力行近乎仁，知耻近乎勇。知斯三者，则知所以修身；知所以修身，则知所以治人；知所以治人，则知所以治天下国家矣。”

【注释】

①达道：天下通行不变之道。达，通行不变。《孟子·公孙丑下》：“天下有达尊三：爵一，齿一，德一。”

②昆弟：兄弟。《史记·荆燕世家》：“当是时也，高祖子幼，昆弟少，又不贤，欲王同姓以镇天下。”

③一也：朱熹注：“一则诚而已矣。”

④安而行之：自然循理而行。安，习惯于。《左传·僖公二十三年》：“及齐，齐桓公妻之，有马二十乘，公子安之。”

⑤利而行之：认为有利于自己才去做。利，有利于。《老子·第八章》：“水善利万物而不争。”

⑥ 勉强而行之：明知力量不够，还勉强去做。

【译文】

天下通行不变的人伦大道有五种，用来推行这些人伦大道的德行有三种。这就是：君臣之道、父子之道、夫妇之道、兄弟之道、朋友之道，这五条大道就是天下通行不变的人伦大道；智慧、仁爱、勇敢这三种德行，就是天下通行不变的德行；用来推行这些德行的方法是一样的。有的人生来就懂得这些道理，有的人经过学习才懂得这些道理，有的人在困难磨炼中懂得了这些道理，他们懂得的这些道理是一样的。有的人自然循理而推行这些道理，有的人认为有利于自己才推行这些道理，有的人明知力量不够，还勉强去推行这些道理，他们因推行而成功是一样的。

孔子说："喜好学习接近于智，身体力行接近于仁，知道羞耻接近于勇。懂得了这三种德行，就知道怎样修养自身；知道怎样修养自身，就知道怎样治理众人；知道怎样治理众人，就知道怎样治理国家了。"

【原文】

凡为天下国家有九经[①]，曰：修身也，尊贤也，亲亲也，敬大臣也，体[②]群臣也，子[③]庶民也，来[④]百工也，柔[⑤]远人也，怀[⑥]诸侯也。修身，则道立[⑦]；尊贤，则不惑；亲亲，则诸父[⑧]昆弟不怨；敬大臣，则不眩[⑨]；体群臣，则士之报礼重；子庶民，则百姓劝[⑩]；来百工，则财用足；柔远人，则四方归之；怀诸侯，则天下畏之[⑪]。

齐明盛服[⑫]，非礼不动，所以修身也；去谗远色[⑬]，贱货

而贵德，所以劝贤也[14]；尊其位，重其禄，同其好恶，所以劝亲亲也；官盛任使[15]，所以劝大臣也；忠信重禄，所以劝士也；时使薄敛[16]，所以劝百姓也；日省月试[17]，既禀称事[18]，所以劝百工也；送往迎来，嘉善而矜不能[19]，所以柔远人也；继绝世，举废国，治乱持危，朝聘以时[20]，厚往而薄来[21]，所以怀诸侯也。凡为天下国家有九经，所以行之者，一也。

【注释】

①经：常理，此处指治国方略。《管子·牧民》："顺民之经，在明鬼神，祇山川，敬宗庙，恭祖旧。"

②体：体察，体谅，关怀。曾巩《代曾侍中乞退札子》："伏望察臣素守，体臣至诚，早回圣慈，许从罢黜。"

③子：动词，以……为子。《礼记·礼运》："故人不独亲其亲，不独子其子……"

④来：招致，招徕。《史记·孔子世家》："叶公问政，孔子曰：'政在来远附迩。'"

⑤柔：怀柔，安抚。《国语·齐语》："臣之所不若夷吾者五：宽惠柔民，弗若也……"

⑥怀：安抚。

⑦道立：立道，树立准则。

⑧诸父：父亲的兄弟，也就是伯叔。诸母就是伯母、婶娘。《史记·高祖本纪》："沛父兄诸母故人日乐饮极欢，道旧故为笑乐。"

⑨眩：迷乱，迷惑。《战国策·魏策一》："张仪为秦连横说魏王曰：'……人主览其辞，牵其说，恶得无眩哉……'"

⑩劝：因受到鼓励而勤勉。《管子·八观》："赏庆信必，则有

功者劝。”

⑪ 天下畏之：天下的人就会敬畏。畏，敬服。《孟子·公孙丑上》：“或问乎曾西曰：‘吾子与子路孰贤？’曾西蹴然曰：‘吾先子之所畏也。’”

⑫ 齐明盛服：见第十六章注释。

⑬ 去谗远色：驱逐谄谀之人，远离女色。谗，谄谀之人。《论衡·答佞》：“曰：‘谗与佞，俱小人也……谗以口害人，佞以事危人……’”

⑭ 所以劝贤也：这是劝勉贤人的办法。劝，劝勉、指导。《汉书·艺文志》：“播百谷，劝耕桑，以足衣食，故八政一曰食，二曰货。”

⑮ 官盛任使：官员众多，足够使用。朱熹注：“官盛任使，谓官属众盛，足任使令也，盖大臣不当亲细事，故所以优之者如此。”

⑯ 时使薄敛：使用民力要适应农时，要减轻赋税。时，合乎时宜。《庄子·秋水》：“秋水时至，百川灌河。”

⑰ 日省月试：时常视察考核。省，考察、审查。《楚辞·天问》：“禹之力献功，降省下土四方。”试，考试、考察。《汉书·艺文志》：“汉兴，萧何草律，亦著其法，曰：‘太史试学童，能讽书九千字以上，乃得为史……’”

⑱ 既禀称事：按劳取酬。既，通“饩”，古代官府发放的粮食、给养等。禀，同“廪”，粮食。称，衡量。《韩非子·人主》：“明主者推功而爵禄，称能而官事。”

⑲ 嘉善而矜不能：奖励有善行的，同情怜惜能力弱的。嘉，嘉奖。《左传·昭公三年》：“晋侯嘉焉，授之以策。”矜，怜惜、同情。

《诗经·大雅·桑柔》:“倬彼昊天,宁不我矜?”

⑳ 朝聘以时:诸侯按时依照规定亲自或派遣使者拜见天子。朝聘,即朝觐。周朝规定,诸侯每年派大夫进贡,三年派卿进贡,五年亲自上朝进贡。《孟子·万章上》:“天下诸侯朝觐者,不之尧之子而之舜。”

㉑ 厚往而薄来:赐予诸侯的礼物丰厚,收纳诸侯的贡品菲薄。

【译文】

治理天下和国家大体有九条准则,这就是:修养自身,尊敬贤能,亲爱亲族,敬重大臣,关怀群臣,爱民如子,招徕各种工匠,怀柔边远民众,安抚各国诸侯。修养自身,才能树立准则;尊敬贤能,就不会困惑;亲爱亲族,叔伯、兄弟们就不会相互怨恨;敬重大臣,就不会迷惑;体贴群臣,天下贤士就会以重礼回报朝廷;爱民如子,百姓就会勤勉劳作;招徕各种工匠,社会财用就会充足;怀柔边远民众,四方黎民就会归顺;安抚各国诸侯,天下的人就会敬畏。

斋戒沐浴,穿戴整齐,不符合礼的不去做,这是修养自身的方法;驱逐谄谀之人,远离女色,轻视钱财而重视德行,这是劝勉贤能的办法;让亲族有尊贵的地位,给以优厚的俸禄,使他们喜好憎恶相同,这是劝勉亲族的方法;官员众多,足够使用,这是劝勉大臣的方法;讲究忠实诚信,给以丰厚的俸禄,这是劝勉士人的方法;使用民力要适应农时,减轻赋税,这是劝勉百姓的方法;时常视察考核,按劳取酬,这是劝勉各种工匠的方法;欢送要走的,恭迎要来的,奖励有善行的,同情怜惜能力弱的,这是怀柔边远民众的方法;延续已经中断的家族世系,复兴已经废置的国家,平定祸乱,扶持危难,诸侯按时依照规定亲自或派遣使者拜见天子，赐予诸侯的礼物丰厚，收纳诸侯的贡品菲薄，这是安抚诸侯的方法。治理天下和国家大体有九条准则，用来实行它们的方法是一样的。

【原文】

凡事豫①则立，不豫则废。言前定②，则不跲③；事前定，则不困；行前定，则不疚④；道前定，则不穷⑤。

【注释】

① 豫：预备，事先准备。《史记·刺客列传》："于是太子豫求天下之利匕首。"

② 言前定：说话之前确定好要说的内容。定，确定、决定。《后汉书·西域传》："……持刀出曰：'大事已定，何为复疑？'"

③ 跲（jiá）：绊倒，此处指言语不流利。《吕氏春秋·不广》："北方有兽，名曰蹶，鼠前而兔后，趋则跲……"

④ 疚：懊悔，内心不安。《诗经·小雅·采薇》："忧心孔疚，我行不来。"

⑤ 穷：窘困，陷于困境。《吕氏春秋·慎人》："孔子穷于陈、蔡之间，七日不尝食，藜羹不糁。"

【译文】

做任何事情预先有所准备就能成功，事先不做准备就会失败。说话之前确定好要说的内容，就不会言语不流利；做事预先准备好，就不会受困；行动前预先准备好，就不会内心不安；行路前预先准备好，就不会陷于困境。

【原文】

在下位不获乎上[①]，民不可得而治矣。获乎上有道[②]：不信乎朋友，不获乎上矣。信乎朋友有道：不顺乎亲，不信乎朋友矣。顺乎亲有道：反诸身不诚[③]，不顺乎亲矣。诚身有道：不明乎善，不诚乎身矣。

【注释】

① 在下位不获乎上：在下位的人得不到上级的信任。获，收获、得到，此处指得到信任。

② 获乎上有道：取得上级的信任是有方法的。道，途径、方法。《孟子·离娄上》："孟子曰：'……得天下有道，得其民，斯得天下矣……'"

③ 反诸身不诚：反省自身没有诚心。诸，相当于"之于"。《论语·卫灵公》："子曰：'君子求诸己，小人求诸人。'"

【译文】

在下位的人得不到上级的信任，民众就不可能得到治理。取得上级的信任是有方法的：如果得不到朋友的信任，就不会获得上级的信任。得到朋友的信任是有方法的：如果不孝顺父母，就不会得到朋友的信任。孝顺父母是有方法的：反省自身不真诚，就不会孝顺父母。使自身真诚是有方法的：不知道什么是善，就不能使自身真诚。

【原文】

诚者，天之道也；诚之者[①]，人之道也。诚者不勉而中[②]，不思而得，从容中道[③]，圣人也。诚之者，择善而固执之者也[④]。

博学之，审问之[⑤]，慎思之，明辨之，笃行之。有弗学，学之弗能弗措也[⑥]；有弗问，问之弗知弗措也；有弗思，思之弗得弗措也；有弗辨，辨之弗明弗措也；有弗行，行之弗笃弗措也。人一能之，己百之；人十能之，己千之。果能此道矣，虽愚必明[⑦]，虽柔必强[⑧]。

【注释】

①诚之者：使自己做到诚。诚，动词，使……诚。

②不勉而中：不需努力就能符合中庸之道。中，符合。《管子·乘马》："因天材，就地利，故城郭不必中规矩，道路不必中准绳。"

③从容中道：顺其自然就能符合中庸之道。从容，悠闲自在，此处指顺其自然。《庄子·秋水》："庄子曰：'倏鱼出游从容，是鱼之乐也。'"

④择善而固执者也：选择了善行而且坚持不懈地实行的人。固执，坚持不懈地实行。《汉书·谷永传》："……无使素餐之吏久尸厚禄，以次贯行，固执无违……"

⑤审问之：详细地询问。审，详细、周密。《世说新语·赏誉》："谢公云：'刘尹语审细。'"

⑥学之弗能弗措也：学不会就不停止。弗，副词，不。《战国策·秦策一》："张仪说秦王曰：'臣闻之，弗知而言为不智，知而不言为不忠……'"措，放弃、废止。《淮南子·说山训》："物莫措其所修而用其短也。"

⑦虽愚必明：虽然天资愚笨也一定能变聪明。愚，天资愚笨。《论衡·逢遇》："位卑在下，未必愚，不遇也。"

⑧ 虽柔必强：虽然意志薄弱也一定能变得刚强。柔，意志薄弱。《韩非子·亡征》："缓心而无成，柔茹而寡断。"

【译文】

真诚是上天（自然）的准则，做到真诚是做人的准则。天生真诚的人不需努力就能符合中庸之道，不用思考就能获得对中庸之道的理解，顺其自然就能符合中庸之道，能达到这种境界的就是圣人。做到真诚的人就是选择了善行而坚持不懈地实行的人。

广泛地学习，详细地询问，谨慎地思考，明确地识别，切实地去做。有没学过的问题，就去学习，学不会就不停止；有没有问过的问题，就去向人询问，弄不懂就不停止；有没思考过的问题，就努力思考，思考不出结果就不停止；有没辨别过的问题，就去辨别，辨别不清楚就不停止；有没做过的事情，就去做，做得不踏实就不停止。别人一次做到，自己就做一百次；别人十次做到，自己就做一千次。果真能这样追求中庸之道，虽然天资愚笨也一定能变得聪明，虽然意志薄弱也一定能变得刚强。

第二十一　诚明章

【原文】

自①诚②明③，谓之性④；自明诚，谓之教⑤。诚则⑥明矣，明则诚矣。

【注释】

①自：从，由。

②诚："诚"在《中庸》一书中是一个至深概念，是《中庸》下篇的核心思想。它揭示了事物如天、地、人、自然界等的本然状态以及事物本来的样子。在《中庸》一书中，"诚"为天道自然的根本属性。唐李翱基于道统，将"诚"视为"圣人之性"，认为"诚"是至静至灵寂然不动的"心"（精神）。北宋周敦颐从《周易》出发，认为"诚"是至高无上的宇宙本体，诚者，圣人之本，"大哉乾元，万物资始"，诚之源也。朱熹本于天理，认为"诚者，真实无妄之谓，天理之本然也"。王夫之回归人性，提出"诚，以言其实有尔"，用以指客观的"实有"，并将其作为宇宙的一般规律。

③明：明白，明察，明晰。

④性：人的自然本性。详见第一章"天命之谓性，率性之谓道，修道之谓教"。

⑤教：教化，即使人遵循事物本性而行。详见第一章"天命之谓性，率性之谓道，修道之谓教"。

⑥则：就，即。

【译文】

由诚而明白道理的，叫作本性；由明白道理而达到诚的，叫作教化。达到诚就能明白道理，明白道理就能达到诚。

第二十二　尽性章

【原文】

唯[①]天下至诚[②]，为[③]能[④]尽其性[⑤]；能尽其性，则能尽人之性[⑥]；能尽人之性，则能尽物之性[⑦]；能尽物之性，则可以赞天地之化育[⑧]；可以赞天地之化育，则可以与天地参[⑨]矣。

【注释】

①唯：唯独，只有。

②至诚：道德修养的最高境界。朱熹注："至诚之道，非至圣不能知；至圣之德，非至诚不能为。"

③为：则。

④能：能够。

⑤尽其性：充分发挥自己的天赋本性。郑玄注："尽性者，谓顺理之使不失其所也。"意即唯至诚之人才能发挥人之本性，顺应自然之理，进而发挥万物之情。朱熹《答廖子晦》："夫性者，理而已矣……盖谓尽其所得乎已之理，则知天下万物之理初不外此。"王阳明《答顾东桥书》："学问思辨笃行之功……扩充之极，至于尽性知天，亦不过致吾心之良知而已。"

⑥人之性：人的本性、天性。

⑦物之性：物的本性。

⑧赞天地之化育：帮助天地化生养育万物。赞，资助、帮助、赞助。

化育，化生养育。

⑨ 与天地参：与天地并列为三。“天地人参”是中国古代文化和《中庸》中的一个重要命题。在中华传统文化中，人类历来视天之道在“始万物”、地之道在“生万物”、人之道在“成万物”。《周易·系辞下》就有：“《易》之为书也，广大悉备。有天道焉，有人道焉，有地道焉，兼三材而两之，故六。六者非它也，三材之道也。”此处把天地人并立为“三材”（亦作“三才”），人居其中。参，并列、并立。

【译文】

只有天下至诚的人，才能够充分发挥自己的天赋本性；能充分发挥自己的天赋本性，就能充分发挥人类的本性；能充分发挥人类的本性，就能充分发挥万物的本性；能充分发挥万物的本性，就可以帮助天地化生养育万物；能帮助天地化生养育万物，就可以与天地并列为三了。

第二十三　致曲章

【原文】

其次[①]致曲[②]。曲能有诚，诚则形[③]，形则著[④]，著则明[⑤]，明则动[⑥]，动则变[⑦]，变则化[⑧]，唯天下至诚为能化。

【注释】

①其次：次一等的人，即次于“自诚明”的圣人的人，也就是贤人或平常人。

②致曲：从某一小的方面入手，推究出事物的道理。致，推致。曲，细小的事。郑玄注：“犹小小之事也。”朱熹注：“曲，一偏也。”

③形：表现，显现。朱熹注：“形者，积中而发外。”

④著：显著，明显而可见。

⑤明：光明，明亮。朱熹注：“明，则又有光辉发越之盛也。”

⑥动：感动。

⑦变：变革，变化。朱熹注：“变者，物从而变。”

⑧化：化育万物。

【译文】

次于圣人的贤人从细微处入手推究道理。由细微之处推究也能达到真诚的境界，有了真诚就会显现于外，显现于外就能日益显著，日益显著就会更加光明，更加光明就能感动人心，感动人心就能引起万事万物变化，引起万事万物变化就能化育万物。所以只有天下至诚的人才能化育万物。

第二十四　前知章

【原文】

至诚之道，可以前知①。国家将兴，必有祯祥②；国家将亡，必有妖孽③。见④乎蓍龟⑤，动乎四体⑥。祸福将至，善，必先知之；不善，必先知之。故至诚如神⑦。

【注释】

①前知：预知未来。

②祯（zhēn）祥：吉祥的征兆。

③妖孽：不祥的物类反常现象。妖，古时一切反常怪异的东西或现象。

④见（xiàn）：表现，显现。

⑤蓍龟：蓍草和龟甲，古代用蓍草和龟甲来占卜吉凶。

⑥动乎四体：从人们的动作、仪态中察觉。

⑦如神：如同神灵一样微妙。

【译文】

至诚之道可以预知未来。国家将要兴盛，必定会有吉祥的征兆；国家将要衰亡，必定会有不祥的物类反常现象。这些征兆会呈现在占卜时用的蓍草、龟甲上，可以从人的动作、仪态中察觉。祸福将要来临时，是善事，一定可以预先知道；不是善事，一定也可以预先知道。所以至诚之道如同神灵一样微妙。

第二十五　自诚章

【原文】

诚者，自成[1]也；而道，自道[2]也。诚者，物之终始；不诚，无物。是故君子诚之为贵。诚者，非自成己而已也[3]，所以[4]成物[5]也。成己，仁也；成物，知[6]也。性之德[7]也，合外内之道[8]也，故时措[9]之宜[10]也。

【注释】

① 自成：自己成全自己，即自我完善的意思。

② 自道：自己引导自己。道，通“导”，引导。

③ 非自成己而已也：并非只是成全自己之性就够了。己，自己。已，停止、终止。

④ 所以：用来。

⑤ 成物：成全万物，成就万物，完善万物。

⑥ 知（zhì）：通“智”，智慧。

⑦ 性之德：本性的德行。

⑧ 合外内之道：使外物与内心相融合的准则。

⑨ 措：施行，实施。

⑩ 宜：适宜。

【译文】

诚是自我完善，道是自我引导。诚，贯穿于万物的始终；不诚，就没有万物。所以君子以诚为贵。诚并非只是成全自己就够了，还要成全万物。成全自己是仁，成全万物是智。仁和智是本性固有的德行，是使外物与内心相融合的准则，所以任何时候施行都是适宜的。

第二十六　无息章

【原文】

故至诚无息[1]，不息则久，久则征[2]，征则悠远，悠远则博厚，博厚则高明。博厚所以载物也，高明所以覆物也，悠久所以成物也。博厚配地[3]，高明配天，悠久无疆[4]。如此者，不见而章[5]，不动而变，无为而成。

天地之道，可一言[6]而尽也：其为物不贰[7]，则其生物不测。天地之道，博也，厚也，高也，明也，悠也，久也。今夫[8]天，斯昭昭之多[9]，及其无穷也，日月星辰系[10]焉，万物覆焉。今夫地，一撮土[11]之多，及其广厚，载华岳[12]而不重，振[13]河海而不泄，万物载焉。今夫山，一卷石之多[14]，及其广大，草木生之，禽兽居之，宝藏兴[15]焉。今夫水，一勺之多，及其不测，鼋鼍蛟龙鱼鳖[16]生焉，货财殖[17]焉。

《诗》云："维天之命，於穆不已[18]！"盖[19]曰天之所以为天也。"於乎不显，文王之德之纯[20]！"盖曰文王之所以为文也，纯亦不已。

【注释】

①息：止息，休止。

②征：验证，效验。

③配地：与地相配。配，匹配。

④无疆：无穷无尽。

⑤ 不见（xiàn）而章：不显现也能彰明显著。见，通“现”。章，通“彰”，彰明、显著。

⑥ 一言：一字，这里是指“诚”字。

⑦ 不贰：没有二心。意思是“诚”是忠诚如一，没有别的混杂。

⑧ 夫：语气助词。

⑨ 斯昭昭之多：天是由小小的光亮聚积起来的。斯，此、这。昭昭，光明、明亮。《楚辞·九歌·云中君》：“烂昭昭兮未央。”

⑩ 系：悬系。

⑪ 一撮土：一小撮土。撮，用两三个指头撮取的分量，指很少的数量。

⑫ 华岳：西岳华山。

⑬ 振：收拢。郑玄注：“振，犹收也。”此处引申为收容或容纳。

⑭ 一卷（quán）石之多：山是由拳头大小的石块堆积而成的。卷，通“拳”。

⑮ 兴：兴起，产生。

⑯ 鼋（yuán）鼍（tuó）蛟龙鱼鳖：指各种水生动物。

⑰ 殖：繁殖，生殖。

⑱ 维天之命，於穆不已：引自《诗经·周颂·维天之命》。维，语气助词。穆，肃穆。不已，不止。

⑲ 盖：推测之词，大概。

⑳ 於乎不显，文王之德之纯：啊，多么盛大光明呀！文王的品德真纯正！於乎，同“呜呼”之意。於，音“乌”。乎，音“呼”。

不显，丕显，即盛大光明。不，通“丕”，大。文王，周文王。纯，纯洁无瑕。朱熹曰：“纯，纯一不杂也。引此以明至诚无息之意。”程子曰：“天道不已，文王纯于天道，亦不已。纯则无二无杂，不已则无间断先后。”

【译文】

所以至诚是不止息的，不止息就会长久流传，长久流传就能验证，能验证就会悠长久远，悠长久远就会广博深厚，广博深厚就会高大光明。广博深厚能用来承载万物，高大光明能用来覆盖万物，悠长久远能用来成就万物。广博深厚可以与地相配，高大光明可以与天相配，悠长久远可以像天地时空那样无穷无尽。达到这样的境界，不显现也能彰明显著，不行动也能感人化物，无所作为也能成功。

天地的道理可以用一个“诚”字来概括：天地作为事物是诚一不贰的，所以天地化育万物不可测度。天地的道理广博、深厚、高大、光明、悠长、久远。今天我们所说的天，原本不过是小小的光亮聚积起来的，论及它的无穷，日月星辰都悬系其中，地上万物都由它覆盖。今天我们所说的地，原本不过是由一小撮儿一小撮儿的土聚积起来的，论及它的广博深厚，承载像华山那样的崇山峻岭也不觉得重，容纳江河湖海也不会泄漏，万物都被它承载。今天我们所说的山，原本不过是由拳头大小的石块堆积而成的，论及它的广阔高大，草木生长在上面，禽兽居住在里面，宝藏在里面产生。今天我们所说的水，原本不过是一勺一勺聚积起来的，论及它的深不可测，鼋鼍蛟龙鱼鳖都生长在里面，各种财货都在里面繁殖。

《诗经》说："天命运行，庄严肃穆不停息！"这大概是说天之所以为天的道理吧。"啊，多么盛大光明呀，文王的品德真纯正！"这大概是说周文王之所以名为"文"的道理，他的纯正也像天命一样没有止息啊。

第二十七　大哉章

【原文】

大哉！圣人之道！洋洋乎[1]，发育万物[2]，峻极于天[3]。优优[4]大哉！礼仪[5]三百，威仪[6]三千，待其人[7]而后行。故曰：苟[8]不至德[9]，至道[10]不凝[11]焉。故君子尊德性而道问学[12]，致广大而尽精微[13]，极高明[14]而道中庸[15]，温故而知新[16]，敦厚以崇礼[17]。是故居上不骄[18]，为下不倍[19]。国有道[20]，其言足以兴；国无道，其默足以容[21]。《诗》曰："既明且哲，以保其身[22]。"其此之谓与[23]！

【注释】

① 洋洋乎：盛大，浩瀚无边。

② 发育万物：生养万物。

③ 峻极于天：与天一样高峻、崇高。

④ 优优：充足有余、包容无限。

⑤ 礼仪：古代礼节的主要规则，又称经礼。

⑥ 威仪：古代典礼中的动作规范及待人接物的礼节，又称曲礼。

⑦ 其人：指圣贤之人。

⑧ 苟：如果。

⑨ 至德：极高的德行修养。

⑩ 至道：极高的大道。

⑪ 凝：凝聚，贯通，引申为成功。郑玄注："凝，犹成也。"

⑫ 尊德性而道问学：尊崇至诚的德行，以问和学作为修养的途径。道，由、从。

⑬ 致广大而尽精微：致力于广博深厚又尽心于精微之处。

⑭ 极高明：达到高明的境界。

⑮ 道中庸：遵循中庸之道。

⑯ 温故而知新：温习已知的学问而获得新知识。

⑰ 敦厚以崇礼：敦实笃厚而崇尚礼义。敦厚，心态至诚且宽厚。

⑱ 居上不骄：身居上位而不骄横。

⑲ 为下不倍（bèi）：处在下位而不背弃道义。倍，通“背”，背弃、违背。

⑳ 国有道：国家实行正道，指政治清明。

㉑ 其默足以容：意为缄默不语，足以为执政者所包容，因而也就能远避灾祸、保全自己。容，容身，指保全自己。

㉒ 既明且哲，以保其身：引自《诗经·大雅·烝民》。这是一首歌颂仲山甫（周宣王的臣子）的诗。既明且哲，指既能自明本心本性而坚持道义，又能知人、知世、尊经知变。

㉓ 其此之谓与：大概说的就是这个道理吧。其，大概。与，语气词，同“欤”。

【译文】

伟大啊，圣人的道！它浩瀚无边，生养万物，与天一样崇高。真是充足有余、包容无限啊！大的礼仪有三百条，细的仪节有三千条，等待圣贤之人出现而后才能施行。所以说，如果没有极高的德行，就不能成就极高的道。所以君子尊崇道德修养而追求学问，致力于广博深厚又尽心于精微之处，达到高明的境界又奉行中庸之道，温习已有的知识而获得新知识，敦实厚道而崇尚礼义。所以君子身居上位而不骄横，身居下位也不会背弃道义。国家政治清明时，他的言论足以使国家兴盛；国家政治黑暗时，他的沉默足以保全自己。《诗经》说：“既聪明又通达事理，可以保全自身。”大概说的就是这个道理吧！

第二十八　自用章

【原文】

子曰："愚而好自用[①]，贱而好自专[②]；生乎今之世，反古之道[③]；如此者，灾及其身者也。"

非天子不议礼[④]，不制度[⑤]，不考文[⑥]。今天下车同轨[⑦]，书同文[⑧]，行同伦[⑨]。虽有其位，苟无其德，不敢作礼乐[⑩]焉；虽有其德，苟无其位，亦不敢作礼乐焉。

子曰："吾说夏礼[⑪]，杞[⑫]不足征[⑬]也；吾学殷礼[⑭]，有宋[⑮]存焉；吾学周礼[⑯]，今用之，吾从周[⑰]。"

【注释】

① 愚而好（hào）自用：愚笨的人喜欢自作聪明。愚，不明心性，不能以礼自节。好，喜欢。自用，凭自己的主观意图行事，自以为是，不听别人的意见，即刚愎自用的意思。

② 贱而好自专：卑贱的人喜欢独断专行。贱，身在下位而没有资格。自专，自以为是、独断专行。

③ 反古之道：恢复古代的做法。反，通"返"，引申为恢复。

④ 议礼：议定礼仪。

⑤ 制度：制定法度。

⑥ 考文：考订文字规范。

⑦ 车同轨：各种车子的轮距一致。古代制车，两轮之间的距离都有定制。

⑧ 书同文：书写同样的文字。

⑨ 行同伦：待人处事遵守同样的伦理道德。这种情况是秦始皇统一六国后才出现的，据此知道《中庸》有些章节的确是秦代儒者增加的。

⑩ 作礼乐：创立、制作礼乐制度。

⑪ 夏礼：夏朝的礼制。

⑫ 杞：古国名，传说周武王封夏禹的后代于此，故城在今河南杞县。夏朝被取代之后，其后裔被分封在这个地方，依然可以用夏朝的礼制，而且享受当时朝廷的贵宾待遇，而不以臣属之礼对待。

⑬ 征：验证。

⑭ 殷礼：殷代的礼制。商朝从盘庚迁都至殷（今河南安阳）到纣亡国，一般称为殷代，整个商朝也称商殷或殷商。

⑮ 宋：古国名，周朝的诸侯国之一，周朝取代商朝之后，将其后裔分封在宋，保存商朝的礼制。

⑯ 周礼：周朝的礼制，是儒家赞成恢复的理想制度。

⑰ 吾从周：我遵从周礼。孔子的这段话散见于《论语》之中。《论语·八佾》："子曰：'夏礼，吾能言之，杞不足征也；殷礼，吾能言之，宋不足征也。文献不足故也。足，则吾能征之矣。'""周监于二代，郁郁乎文哉，吾从周。"《论语·为政》："子曰：'殷因于夏礼，所损益，可知也；周因于殷礼，所损益，可知也。其或继周者，虽百世，可知也。'"

【译文】

孔子说："愚昧却喜欢自以为是，卑贱却喜欢独断专行；生于现在的时代，却一心想恢复古代的做法；像这样的人，灾祸一定会降临到他身上。”

不是天子就不要议定礼仪，不要制定法度，不要考订文字规范。现在天下各种车子的轮距一致，书写的文字相同，行为规范相同。即使有相应的天子地位，如果没有圣人的德行，是不敢制作礼乐制度的；即使有相应的圣人的德行，如果没有天子的地位，也是不敢制作礼乐制度的。

孔子说：“我谈论夏朝的礼制，作为夏朝后裔的杞国不足以验证它；我学习殷朝的礼制，殷的后裔宋国还有残存；我学习周朝的礼制，今天还在使用着它，所以我遵从周礼。”

第二十九　三重章

【原文】

王天下有三重焉①，其寡过②矣乎！上焉者③，虽善无征④，无征不信，不信民弗从⑤；下焉者⑥，虽善不尊⑦，不尊不信，不信民弗从。故君子之道，本诸身，征诸庶民⑧，考诸三王而不缪⑨，建诸天地而不悖⑩，质诸鬼神而无疑⑪，百世以俟圣人而不惑⑫。质诸鬼神而无疑，知天⑬也；百世以俟圣人而不惑，知人也。是故，君子动而世为天下道，行而世为天下法，言而世为天下则。远之则有望⑭，近之则不厌。《诗》曰："在彼无恶，在此无射。庶几夙夜，以永终誉⑮。"君子未有不如此，而蚤⑯有誉于天下者也。

【注释】

① 王（wàng）天下有三重焉：统治天下有三件重要的事情。王，作动词用，成为君王，在天下做王，也就是统治天下。三重，指上一章所说的三件重要的事，即议礼、制度、考文。吕氏曰："三重，谓议礼、制度、考文。"王者重此，就会使"国不异政，家不殊俗，而人得寡过矣"。

② 寡过：很少有过失。

③ 上焉者：指在上位的人，即国君（天子）。

④ 虽善无征：虽然行善政，却不能验证。

⑤ 弗从：不会服从。

⑥ 下焉者：指在下位的人，即臣下。

⑦ 不尊：没有尊贵的地位。

⑧ 征诸庶民：从百姓那里得到验证或征验于民众。

⑨ 考诸三王而不缪(miù)：考查夏、商、周三代君王的做法而没有错误。三王，指夏、商、周三代君王。缪，同“谬”，错误。

⑩ 建诸天地而不悖：立于天地之间而没有悖乱。建，立。悖，违背、背离。

⑪ 质诸鬼神而无疑：质卜于鬼神而没有疑问。《中庸》认为鬼神不疑，即符合天道。质，质询、卜问。古人喜欢通过卜筮来质询问题。

⑫ 百世以俟圣人而不惑：百世之后待到圣人出现也没有疑惑。百世，泛指时间之久。俟，等待。不惑，没有疑惑。

⑬ 知天：知晓天道。

⑭ 望：仰望，敬仰。

⑮ 在彼无恶(wù),在此无射(yì)。庶几夙夜,以永终誉:引自《诗经·周颂·振鹭》。意思是在那里没有人憎恶，在这里没有人厌恨。几乎日日夜夜,以永远保持美好的名声。射,《诗经》本作“斁”,厌恨。庶几，几乎。夙夜，早晚、昼夜。永，长久、永远。终，保持。

⑯ 蚤(zǎo)：通“早”。

【译文】

统治天下有三件重要的事,(做好这三件重要的事,)大概就很少有过失了！身在上位的人虽然有好的行为,却不能验证;不能验证,就不能使人信服；不能使人信服，老百姓就不会服从。身在下位的人虽然有好的行为，但没有尊贵的地位；没有尊贵的地位，就不能使人信服；不能使人信服，老百姓就不会服从。所以君子治理天下应该以自身的德行为根本，征验于民众，考查夏、商、周三代君王的做法而没有错误，立于天地之间而没有悖逆，质卜于鬼神而没有疑问，百世之后待到圣人出现也没有疑惑。质卜于鬼神而没有疑问，这是因为知晓天道；百世之后待到圣人出现也没有疑惑，这是因为知晓人道。所以，君子的举动能世世代代成为天下的法则，行为能世世代代成为天下的法度，言谈能世世代代成为天下的准则。离君子远就会仰望他，离君子近也不厌倦他。《诗经》说："在那里没有人憎恶，在这里没有人厌恨。几乎日日夜夜，以永远保持美好的名声。"君子没有不这样做而早早在天下获得美誉的。

第三十　祖述章

【原文】

仲尼祖述尧舜[①]，宪章文武[②]；上律天时[③]，下袭水土[④]。辟如天地之无不持载[⑤]，无不覆帱[⑥]；辟如四时之错行[⑦]，如日月之代明[⑧]。万物并育[⑨]而不相害，道并行而不相悖[⑩]。小德川流[⑪]，大德敦化[⑫]，此天地之所以为大也。

【注释】

①祖述尧舜：尊崇效法尧舜。

②宪章文武：效法文王、武王。以周文王和周武王之道为法则，并使之显明于天下。宪章，遵从、效法。

③上律天时：上遵奉天道，顺应自然之时运。律，遵循、遵从、符合。

④下袭水土：下遵奉地道，顺应水土的本性。袭，与上文的“律”近义，都是“符合”的意思。

⑤辟如天地之无不持载：好比天地没有什么不能承载。辟如，即“譬如”。持载，承载。

⑥无不覆帱（dào）：没有什么不能覆盖。覆帱，覆盖、遮盖。

⑦错行：交错运行。

⑧代明：交替照明。

⑨并育：同时生长。

⑩相悖：违背。

⑪ 川流：河水流动不息。

⑫ 敦化：以敦厚化育万物。

【译文】

仲尼尊崇遵循尧舜，效法文王、武王；上遵奉天道，顺应自然之时运，下遵奉地道，顺应水土的本性。好比天地没有什么不可以承载，没有什么不能覆盖；好比四季交替运行，好比日月交替照明。万物同时生长而不互相妨害，道同时并行而不互相违背。小德如河水长流不息，大德敦厚而化育万物，这就是天地之所以伟大的原因吧。

第三十一　至圣章

【原文】

唯天下至圣，为能聪明睿知[①]，足以有临[②]也；宽裕温柔[③]，足以有容[④]也；发强刚毅[⑤]，足以有执[⑥]也；齐庄中正[⑦]，足以有敬[⑧]也；文理密察[⑨]，足以有别[⑩]也。溥博渊泉[⑪]，而时出之[⑫]。溥博如天，渊泉如渊。见[⑬]而民莫不敬，言而民莫不信，行而民莫不说[⑭]。是以声名洋溢[⑮]乎中国，施及蛮貊[⑯]。舟车所至，人力所通，天之所覆，地之所载，日月所照，霜露所队[⑰]，凡有血气者，莫不尊亲[⑱]，故曰配天[⑲]。

【注释】

① 聪明睿知：耳听敏锐叫聪，目视犀利叫明，思维敏捷叫睿，知识广博叫智。知，同“智”。朱熹认为是讲“生知之质”。

② 有临：居上临下。临，本指从高处往低处看，引申为从上监视着、统治。《论语·为政》：“子曰：‘临之以庄则敬，孝慈则忠……’”

③ 宽裕温柔：宽容宏大、温和柔顺。宽，广大。裕，舒缓。

④ 有容：包容，容纳。

⑤ 发强刚毅：奋发勇健、刚强坚毅。

⑥ 有执：操持决断。

⑦ 齐庄中正：恭敬庄重、心行纯正。齐庄，恭敬庄严。齐，通“斋”。中正，不偏不倚。

⑧ 有敬：使人尊敬。

⑨ 文理密察：条理清晰、缜密明察。文理，条理。密察，缜密明察。

⑩ 有别：辨别是非正邪。

⑪ 溥（pǔ）博渊泉：广博深沉或广博幽深。溥，辽阔。博，广大。渊泉，深潭。《列子·黄帝》："心如渊泉，形如处女。"后引申为思虑深远。

⑫ 时出之：随时显现出来。出，溢出、显现。朱熹云："言五者之德，充积于中，而以时发见于外也。"

⑬ 见（xiàn）：显现，表现。此处指举止。

⑭ 说（yuè）：同"悦"，喜悦。

⑮ 洋溢：广泛传播。

⑯ 施及蛮貊（mò）：传播到少数民族地区。施及，传播到。蛮，古代指南部少数民族。貊，古代指东北部少数民族。

⑰ 队：同"坠"，坠落。

⑱ 尊亲：尊重亲近。

⑲ 配天：与天相匹配。朱熹云："言其德之所及，广大如天也。"

【译文】

只有天下最圣明的人，才能聪明睿智，能够居上位而统治下民；宽容宏大、温和柔顺，能够包容天下；奋发勇健、刚强坚毅，能够操持决断天下大事；恭敬庄重、心行纯正，能够使人尊敬；条理清晰、缜密明察，能够辨别是非正邪。圣人的德行广博幽深，而又随时会显现出来。广博得如苍天一样，幽深得如潭水一样。他的举止，民众没有不敬佩的；他的言谈，民众没有不信从的；他的行为，民众没有不喜欢的。因此他的声名广泛流传于中原地区，还传播到边远的少数民族地区。凡是车船能到的地方，步行能到的地方，苍天覆盖的地方，大地承载的地方，日月照耀的地方，霜露降落的地方，凡是有血气的人，没有不尊重、不亲近他的，所以说圣人能够与天相匹配。

第三十二　经纶章

【原文】

唯天下至诚，为能经纶天下之大经①，立天下之大本②，知天地之化育。夫焉有所倚？肫肫③其仁，渊渊其渊④，浩浩其天⑤！苟不固聪明圣知，达天德者⑥，其孰能知之？

【注释】

① 经纶：整理蚕丝，比喻规划、管理国家大事。理出丝绪叫经，编成绳叫纶。大经：大法。朱熹曰："经、纶，皆治丝之事。经者，理其绪而分之；纶者，比其类而合之也。经，常也。大经者，五品之人伦。大本者，所性之全体也。惟圣人之德极诚无妄，故于人伦各尽其当然之实，而皆可以为天下后世法，所谓经纶之也。"

② 大本：根本大德。本，根本。

③ 肫肫：与"忳忳"同，诚挚的样子。郑玄注："肫肫，读如'诲尔忳忳'之'忳忳'。忳，恳诚貌也。"

④ 渊渊其渊：圣人的思虑如潭水一般幽深。渊渊，形容水深。《庄子·知北游》："渊渊乎其若海……"

⑤ 浩浩其天：圣人的美德如苍天一般广阔。浩浩，原指水盛大的样子。《尚书·虞书·尧典》："汤汤洪水方割，荡荡怀山襄陵，浩浩滔天。"引申为广阔。《诗经·小雅·雨无正》："浩浩昊天。"这里的浩浩引申为广阔。

⑥ 苟不固聪明圣知，达天德者也：如果不是确实聪明睿智、

通达天赋美德的人。苟，如果。固，确实、实在。知，同“智”。达，通达、通贯。天德，犹言“天性”，即上天所赋予的本性。

【译文】

只有天下至诚的人才能整理制定天下最高的法则，确立天下最根本的原理，通晓天地化育万物之道。除了至诚，还依靠什么呢？他的仁心是那样诚挚，他的思虑如潭水般幽深，他的美德如苍天般广阔！如果不是确实聪明睿智、通达天赋美德的人，谁还能知晓天下至诚这个道理呢？

第三十三　尚䌹章

【原文】

《诗》曰："衣锦尚䌹①。"恶其文之著也。故君子之道，暗然而日章②；小人之道，的然而日亡③。君子之道，淡而不厌，简而文，温而理。知远之近④，知风之自⑤，知微之显⑥，可与入德⑦矣。

《诗》云："潜虽伏矣，亦孔之昭⑧。"故君子内省不疚，无恶于志⑨。君子之所不可及者，其唯人之所不见乎？

《诗》云："相在尔室，尚不愧于屋漏⑩。"故君子不动而敬，不言而信。

《诗》曰："奏假无言，时靡有争⑪。"是故君子不赏而民劝⑫，不怒而民威于𫓧钺⑬。

《诗》曰："不显惟德，百辟其刑之⑭。"是故君子笃恭而天下平。

《诗》云："予怀明德，不大声以色⑮。"子曰："声色之于以化民⑯，末也。"

《诗》曰："德輶如毛⑰。"毛犹有伦⑱。"上天之载，无声无臭⑲。"至矣。

【注释】

① 衣（yì）锦尚䌹（jiǒng）：引自《诗经·卫风·硕人》。原文作"衣锦褧衣"。意思是穿着锦绣衣服，而外面再罩上粗麻单衣。衣，此

处作动词用，指穿衣。锦，指色彩华丽的服装。尚，加在上面。䌹，用麻纱制作的罩衣。

② 暗然而日章：表面暗淡但会日益彰显。暗然，隐藏不露、不显著。日章，日渐彰显。章，通“彰”。

③ 的然而日亡：外表鲜艳但会日渐消亡。的然，鲜艳的样子。日亡，一天天地减退下去。

④ 知远之近：知道远是由近处开始的。

⑤ 知风之自：见风知源，睹末察本。见风之起则知其来处，教化别人必先从自己做起。风，引申为教化，如《尚书·周书·毕命》“树之风声”，即立其善风、扬其善声。自，从。

⑥ 知微之显：知道隐微可以变得明显。察微知著，探端知绪。从微小之事所露端倪而察知未来事件的征兆，明治乱于即萌。

⑦ 入德：进入盛德的境界。

⑧ 潜虽伏矣，亦孔之昭：引自《诗经·小雅·正月》。意思是虽然潜藏隐伏，也仍然非常显明可见。因为周王无道，贤人君子隐居不出，但是他们的德操与人格昭著于世，以至于不能免去祸害。犹如鱼伏于水，被人采捕。潜，潜藏。伏，隐匿。孔，很。昭，《诗经》原作“炤”，意为显明。

⑨ 内省(xǐng)不疚，无恶(è)于志：自我反省没有什么愧疚，没有恶念存于心中。志，心。

⑩ 相在尔室，尚不愧于屋漏：引自《诗经·大雅·抑》。相，被人审视。在尔室，在你自己的居室中。尚，尚且。屋漏，指古代室内西北角设小帐的地方，相传是神明所在，所以这里是以屋漏代指神明。不愧于屋漏喻指心地光明，不在暗中做坏事、起坏念头。

⑪ 奏假无言，时靡有争：引自《诗经·商颂·烈祖》。“奏假”原诗作“鬷(zōng)假”，意思是在宗庙祭祀时无人言语。无言，因庄严肃静而无人言语。时靡有争，祭祀时清净，无人争吵。靡，没有。

⑫ 不赏而民劝：不用奖赏而百姓相互劝勉。

⑬ 不怒而民威于鈇(fū)钺(yuè)：不用发怒就比刑罚更能使百姓畏惧。威于鈇钺，比用行刑的斧钺之威力还大。鈇，通“斧”，古代执行军法时用的斧子。钺，古代一种形状像板斧的长柄兵器。

⑭ 不(pī)显惟德，百辟其刑之：引自《诗经·周颂·烈文》。不，通“丕”。不显，即大显。百辟，各诸侯国国君。其刑之，以之为典范。刑，同“型”，典范、法则。

⑮ 予怀明德，不大声以色：引自《诗经·大雅·皇矣》。予，我。怀，怀念。明德，此当指文王的美德。声，疾言。色，严厉的脸色。以，与。

⑯ 声色之于以化民：疾言厉色地教化民众。

⑰ 德輶(yóu)如毛：引自《诗经·大雅·烝民》，意思为德行轻如羽毛。輶，轻。

⑱ 毛犹有伦：羽毛（虽轻）尚且有可类比的东西。伦，类比。

⑲ 上天之载(cái)，无声无臭(xiù)：引自《诗经·大雅·文王》。载，通“裁”，指化生万物。无声无臭，没有声音和气味。

【译文】

《诗经》说：“身穿锦绣衣服，外面再穿一件麻布罩衫。”这是厌恶锦衣的花纹显著。所以君子之道表面虽暗淡但会日益彰显，小人之道外表鲜明但会日渐消亡。君子之道，平淡而让人不厌烦，简略而有文采，温和而有条理。知道远是由近处开始的，知道风是从何处吹来的，知道隐微可以变得明显，这样就可以进入盛德的境界了。

《诗经》说：“虽然潜藏隐伏，也仍然非常显明可见。”所以君子自我反省没有什么愧疚，没有恶念存于心中。君子之所以不可企及，大概就在这些别人看不见的地方吧？

《诗经》说：“看你独自处在居室，还能问心无愧于神灵。”所以君子不行动能令人崇敬，不说话就能令人信从。

《诗经》说：“祭祀时心中默默祈祷，此时肃穆无言，没有争执。”所以君子不用赏赐而百姓也会互相劝勉，不用发怒就比刑罚还能使百姓畏惧。

《诗经》说：“大大显扬天子的德行，各诸侯国国君都会以之为典范。”所以君子笃实恭敬就能使天下太平。

《诗经》说：“我怀念文王的美德，他从不疾言厉色。”孔子说：“疾言厉色地教化民众，那是末节下策。”

《诗经》说：“德行轻如羽毛。”羽毛（虽轻）尚且有可比拟的东西。（《诗经》又说：）“上天承载化育万物，既没有声音也没有气味。”这才是最高的境界啊。

后 记

南宋理学家朱熹取《礼记》中的《大学》《中庸》 两篇文章单独成书,与记录孔子言行的《论语》、记录孟子言行的《孟子》合为“四书”。一般认为,《大学》为孔子弟子曾参所作,《中庸》为孔子的孙子子思所作。“四书”蕴含了儒家思想的核心内容,在中华思想史上有深远影响。习近平总书记强调指出,中国优秀传统文化的丰富哲学思想、人文精神、教化思想、道德理念等,可以为人们认识和改造世界提供有益启迪,可以为治国理政提供有益启示,也可以为道德建设提供有益启发。从中华优秀传统文化特别是儒家思想中汲取思想智慧、涵养为政之德,读懂“四书”等经典著作是重要途径。

《大学》以修身为核心,提出“自天子以至于庶人,壹是皆以修身为本”,提出了明德、亲民、止于至善三纲领,还提出了格物、致知、诚意、正心、修身、齐家、治国、平天下八条目。《中庸》强调“诚”,把“诚”视为其思想体系的最高范畴,认为“诚”是实现“中庸之道”的关键。二书珠联璧合,相得益彰。朱熹认为读“四书”要“先读《大学》,以定其规模;次读《论语》,以立其根本;次读《孟子》,以观其发越;次读《中庸》,以求古人之微妙处”。宋元以后,《大学》《中庸》成为学校官定教科书和科举考试必读书,对古代教育产生了极大的影响,现在读起来仍不失深刻的教育意义和启迪价值。

为满足干部政德教育培训需求,我们坚持以党的十九大精神为指导，针对党员干部群体的特点，组织专家团队广泛查阅史料典籍，紧密结合古代文化背景，本着力求阐释《大学》《中庸》的本真含义而不陷于学术争论的原则，审慎编写了本书，诚以帮助读者掌握《大学》《中庸》的核心要义，从中汲取修身养性、为政处事的智慧。

在本书编写过程中，我们查证了大量历史著述和篇章注解，以朱熹《四书集注》为主要依据，参考其余各家论著，博采众家之所长，以期更好地诠释《大学》《中庸》，但由于水平所限，疏漏、错误之处在所难免，恳请专家、读者批评指正。

编　者

二〇一九年十二月

图书在版编目（CIP）数据

大学中庸译注 / 济宁干部政德教育学院编．-- 济南：齐鲁书社，2019.12
ISBN 978-7-5333-4221-0

Ⅰ．①大… Ⅱ．①济… Ⅲ．①儒家②《大学》－译文③《大学》－注释④《中庸》－译文⑤《中庸》－注释
Ⅳ．①B222.1

中国版本图书馆 CIP 数据核字（2019）第 260450 号

大学中庸译注
DAXUE ZHONGYONG YIZHU

济宁干部政德教育学院　编

主管单位	山东出版传媒股份有限公司
出版发行	齊魯書社
社　　址	济南市英雄山路 189 号
邮　　编	250002
网　　址	www. qlss. com. cn
电子邮箱	qilupress@126. com
印　　刷	山东临沂新华印刷物流集团有限责任公司
开　　本	720mm × 1020mm　1/16
印　　张	7.75
插　　页	3
字　　数	90 千
版　　次	2019 年 12 月第 1 版
印　　次	2019 年 12 月第 1 次印刷
标准书号	ISBN 978-7-5333-4221-0
定　　价	16.00元